Desenvolvendo
o verdadeiro
chamado masculino
para impactar
gerações

DARRELL MARINHO

FORÇA &
LEGADO

Prefácio HERNANDES DIAS LOPES

© 2025 por Darrell Marinho

1ª edição: junho de 2025

Revisão: Daila Fanny e Pedro Nolasco
Projeto gráfico: Sonia Peticov
Diagramação: Joede Bezerra
Capa: Julio Carvalho
Editores: Aldo Menezes e Fabiano Silveira Medeiros
Coordenador de produção: Mauro Terrengui
Impressão e acabamento: Imprensa da Fé

As opiniões, as interpretações e os conceitos desta obra são de responsabilidade de quem a escreveu e não refletem necessariamente o ponto de vista da Hagnos.

Todos os direitos desta edição reservados à

EDITORA HAGNOS LTDA.
Rua Geraldo Flausino Gomes, 42, conj. 41
CEP 04575-060 — São Paulo, SP
Tel.: (11) 5990-3308

E-mail: editorial@hagnos.com.br | Home page: www.hagnos.com.br
Editora associada à Associação Brasileira de Direitos Reprográficos (ABDR)

Dados Internacionais de Catalogação na Publicação (CIP)

Marinho, Darrell

Força e legado: desenvolvendo o verdadeiro chamado masculino para impactar gerações. / Darrell Marinho. – São Paulo : Hagnos, 2025.

Bibliografia

ISBN 978-85-7742-657-7

1. Desenvolvimento pessoal 2. Vida cristã 3. Maturidade I. Título

25-2085

CDD 158.1

Índices para catálogo sistemático:

1. Desenvolvimento pessoal

Angélica Ilacqua CRB-8/7057

DEDICATÓRIA

DEDICO ESTE LIVRO aos meus filhos Dado e Dyllan e meu neto Bryan, aqueles a quem eu mais preciso ensinar a terem força e deixarem um legado na terra; ao meu pai Afranio (*in memorian*) pelo ensino sobre amor e dedicação que me deixou, ao meu discipulador o bispo Miguel Uchoa, pela vida e ministério que derramou em mim; a você meu amigo leitor que teve a coragem de buscar ser melhor, a minha esposa Márcia, que me ensina e incentiva todos os dias; e a Deus, que me potencializa todos os dias para deixar um legado que dure até mil gerações.

SUMÁRIO

Prefácio 9

Introdução 11

Fase 1: De menino a homem:
A jornada da maturidade

1. Atendendo ao chamado da maturidade 15

2. O ponto de partida para uma vida forte 22

3. Tome posse do governo 31

4. Livre-se da prisão da infantilidade 37

5. Santidade: A escolha diária nas bifurcações da vida 47

Fase 2: Superando as pressões do mundo:
A jornada da vida transformada

6. O macho do mundo, o homem de Deus 57

7. Integridade: um valor inegociável 67

8. Vença os vícios para deixar um legado de honra 81

9. Desatando os nós do passado 99

Fase 3: Conectando corações:
A jornada dos relacionamentos

10. A arte de se relacionar bem 115

11. Em busca do coração de Deus 120

12. O homem do outro lado do espelho 133

13. A outra pessoa mais importante da sua vida................. 142

14. Defenda seu povo 152

15. Relacionamento no trabalho 162

16. Cultivando amizades verdadeiras 169

17. Uma comunidade que serve 178

Fase 4: Uma vida extraordinária:
A jornada da prosperidade

18. Decolagem autorizada 189

19. Você foi feito para prosperar fisicamente 194

20. Você foi feito para prosperar emocionalmente 201

21. Você foi feito para prosperar intelectualmente 215

22. Você foi feito para prosperar espiritualmente 222

Conclusão 231

Referências bibliográficas 233

PREFÁCIO

Vivemos dias desafiadores. A sociedade contemporânea atravessa profundas transformações, especialmente no que tange ao papel do homem na família e na sociedade. A desconstrução de valores outrora firmados nas Escrituras tem provocado uma crise de identidade masculina sem precedentes. Em meio a tantas vozes dissonantes, que relativizam princípios eternos e minimizam a responsabilidade do homem como sacerdote do lar, surge uma urgente necessidade de restaurar, reafirmar e resgatar o chamado divino para aqueles a quem Deus confiou a liderança espiritual da família.

É nesse contexto que *Força e legado* se apresenta como uma resposta oportuna e necessária. Esta obra, elaborada com esmero e profundidade por Darrell Marinho, é um convite à reflexão, ao despertar e ao reposicionamento dos homens que desejam honrar a Deus em sua vocação mais sublime: liderar, proteger, instruir e amar conforme os padrões do Reino.

O autor oferece ao leitor não apenas conhecimentos teóricos, mas sobretudo a sabedoria forjada na prática do ministério. Darrell entrega ao leitor uma obra que transcende o mero conteúdo literário. Cada capítulo é um chamado à ação, um clamor por maturidade, coragem, integridade e santidade — virtudes indispensáveis àquele que deseja deixar marcas eternas no coração de sua família e na história de sua geração.

Ao ler estas páginas, o homem cristão encontrará não apenas conselhos, mas mapas seguros para construir uma vida forte e um legado que resistirá ao tempo e às adversidades. Que este livro inspire muitos a se levantarem como homens de Deus em uma geração que tanto carece de referências firmes e piedosas.

Que a leitura desta obra seja para você, estimado leitor, o início de uma jornada de transformação profunda — para a glória de Deus e para o bem das futuras gerações.

HERNANDES DIAS LOPES

INTRODUÇÃO

Existe algo mais trágico do que viver sem propósito?

Homens que perdem de vista o sentido da existência acabam paralisados, sentindo-se inúteis, enfraquecidos, como se sua história já tivesse terminado antes do tempo. Muitos vivem estacionados, resignados, como se tivessem sido vencidos pelas circunstâncias. Mas, na verdade, se você está vivo, ainda há tempo. Tempo de se reposicionar, tempo de atender ao chamado que Deus fez a cada homem desde o princípio. Tempo de mobilizar a força com a qual Deus dotou você, homem, para construir o legado que vai guiar o rumo de sua vida e impactar as gerações que ainda virão.

Sua força não é para ser desperdiçada em batalhas pequenas, mas para ser canalizada na construção de algo que perdure. A verdadeira força de um homem é medida não apenas pela sua capacidade de conquistar, mas pela sua habilidade de deixar um legado duradouro.

Este livro é um convite — e também uma convocação. Um chamado para você assumir, com força e coragem, a responsabilidade de impactar gerações através do que vive hoje, a cada dia.

Nesta jornada, vamos percorrer quatro grandes fases de transformação:

Na primeira fase, *De menino a homem: a jornada da maturidade*, você será desafiado a crescer interiormente. Vamos falar da necessidade urgente de amadurecer, de tomar posse do governo que Deus confiou a você, de vencer a infantilidade e de trilhar o caminho da santidade nas decisões diárias.

Na segunda fase, *Superando as pressões do mundo: a jornada da vida transformada*, vamos enfrentar de frente os padrões distorcidos que o mundo tenta impor. Refletiremos sobre o verdadeiro caráter do homem de Deus, o valor inegociável da integridade, a luta contra os vícios ocultos e a necessidade de curar as feridas do passado.

Na terceira fase, *Conectando corações: a jornada dos relacionamentos*, aprenderemos que maturidade espiritual se expressa também na forma como nos relacionamos. Começando pelo nosso relacionamento com Deus, passaremos pela família, pelos amigos, pelo ambiente de trabalho e pela vida em comunidade. Relações sólidas são solo fértil para legados duradouros.

Por fim, na quarta fase, *Uma vida extraordinária: a jornada da prosperidade*, abordaremos o chamado à excelência em todas as áreas: física, emocional, intelectual e espiritual. Prosperar não é apenas uma questão de recursos, mas de plenitude, de vida abundante, como Jesus prometeu.

Nesse processo, você será desafiado a usar toda a força que Deus lhe deu: força para resistir às pressões, força para crescer onde muitos recuam, força para amar, servir e construir algo que ultrapasse sua própria existência. Sua força é maior do que você imagina. E sua vida vai além do que você imagina. O legado que você deixará começa a ser construído agora, nas escolhas diárias, na disposição de lutar pela vida que Deus planejou para você.

Não há mais tempo para perder. Não há mais espaço para viver aquém do seu chamado. Que este livro seja um instrumento para reacender seu espírito, alinhar seu coração com o propósito eterno de Deus e impulsionar você a construir um legado que abençoe gerações.

A jornada começa agora.

Você aceita o chamado?

• FASE 1 •

DE MENINO A HOMEM: A JORNADA DA MATURIDADE

◆ CAPÍTULO 1 ◆

ATENDENDO AO CHAMADO DA MATURIDADE

Toda história tem um começo, meio e fim. A vida é um grande enredo, uma narrativa de conquistas, derrotas, alegrias e tristezas. Há momentos em que estamos super empolgados; em outros, nos sentimos desanimados. Sim, isso é comum na vida de todo homem.

Toda vida humana tem cenas de suspense, ação, aventura, drama e romance. Mas algumas se parecem com desenhos animados — especialmente na vida dos homens que ainda não cresceram. Eles têm idade de homem, mas postura de menino. Vivem uma vida de desenho infantil, e, é claro, com esse tipo de enredo, não dá para esperar muita coisa.

Assim, o que muda de homem para homem é a forma como esse filme vai se desenrolar e o que levaremos dele. Mais ainda: o que deixaremos quando partirmos. Não por mérito próprio, mas pela graça de Deus, somos chamados a viver de modo que nossas escolhas ecoem além de nós. Esse é um dos grandes privilégios da vida: contribuir, com os dons que Ele nos deu, para algo que ultrapasse o agora. O desafio é enxergar para além das dificuldades presentes e manter os olhos fixos naquilo que ainda não podemos ver. Pela ação do Espírito, vivemos em busca de deixar um legado que glorifique a Deus e abençoe as próximas gerações — não pelo que tivemos, mas pelo que fomos nele, pelo quanto colaboramos com sua obra e pelo que semeamos, com fé e amor, nesta geração.

Tanto você quanto eu estamos no meio da história da vida. Em que parte do meio — se mais perto do começo, ou mais próximo do final — ninguém sabe. De qualquer forma, essa etapa deve ser aproveitada. Devemos extrair dela o melhor possível. Devemos ser felizes e viver aquilo para o que fomos criados. Devemos plantar uma vida melhor hoje para colhê-la amanhã, sabendo em que direção estamos indo. A pior coisa da vida é não aproveitar seu potencial máximo, estando aquém daquilo que poderíamos ser em todas as áreas da nossa existência.

Não podemos resumir nossa vida a uma foto, sendo que ela é um grande filme, composto de várias cenas. Algumas empolgantes, outras maçantes e, claro, algumas aterrorizantes. Mas, seja como for, não podemos resumir nossa vida ao que estamos vivendo. Precisamos entender o que fomos chamados a viver. Sem isso, não sabemos para onde estamos indo, nem para que fomos criados — e assim, seguimos rodando em círculos, vendo a vida passar, com a sensação de que nunca chegamos a lugar algum.

DE VOLTA AO PRINCÍPIO

Em muitas situações, por não entender o que fomos chamados a fazer, ficamos inertes, vivendo uma estação da qual já deveríamos ter saído. Temos uma vida de desenho animado: sempre com as mesmas roupas, seguindo sempre o mesmo script. Não mudamos, não amadurecemos — e o que não amadurece, apodrece. A natureza já nos ensinou isso.

Se você curte videogame, sabe que a mudança de fase é uma das coisas mais empolgantes no jogo. Você venceu uma etapa e está pronto para novas habilidades, novo desafios, e, o mais importante, mais recompensas. Assim também é a vida. Viver não é um jogo, mas somos convidados, pela nossa própria humanidade, a mudar de fases. E há uma nova fase para você. Para destravá-la, precisamos voltar aonde tudo começou.

Sou muito apaixonado pela Bíblia e pelo jeito didático com que Deus nos ensina. Sempre que me sento com meus filhos para ensinar algo, lembro que, diante de qualquer dúvida da vida, devemos voltar ao princípio e compreender a base de tudo. Deus faz isso de forma muito clara ao ensinar a Adão o que era essencial para a vida de um homem. Não foi a fórmula da gasolina, como construir aviões ou, menos ainda, entender as mulheres! Nada disso. O que Adão precisava saber para, depois, aprender todas essas coisas era: seu destino, seu objetivo, e a razão de sua existência como homem. Deus disse: "Domine e multiplique" (Gênesis 1:28). Uau!

Desde o princípio, Deus colocou força em nós — não apenas força física, mas força de caráter, de decisão e de ação. Essa força não foi dada para ser desperdiçada em distrações sem propósito, mas para ser exercida no domínio, no trabalho, na responsabilidade e na construção de algo que honre o plano do Criador. Homens fortes não são apenas aqueles que vencem lutas externas, mas aqueles que se posicionam com firmeza não ignorando a ordem que receberam ao terem sido criados.

Essa ordem divina pode ter vários sentidos, mas certamente nenhum deles envolve ficar largado no sofá o dia todo — por mais que, sim, isso também seja bom e, de vez em quando, até necessário. Mas o sofá não é o objetivo da nossa vida. Deus não nos fez para ficarmos 24 horas por dia ligados numa tela, assistindo a vídeos, nem jogando videogame. Nada nos impede de fazer essas coisas no tempo de lazer. Mas isso não é muito diferente das coisas que uma criança de 2 ou 8 anos faz. Essas coisas estão ligadas à fase delas, mas essa fase passa. Tem que passar. Fomos criados para viver algo maior, que não é para meninos. Precisamos assumir as responsabilidades de um adulto e, com elas, abraçar as recompensas. Foi para isso que Deus nos criou.

O PÉ DE MANGA DA DONA ALZIRA

Tive o privilégio de morar em uma casa localizada em uma rua de areia batida, com pouco movimento de carros. Isso nos dava a oportunidade de transformar a rua em um belo campo de futebol. Bastava uma bola e duas Havaianas para marcarmos as traves do gol. Passávamos o dia jogando bola.

Entre uma partida e outra, corríamos até a torneira mais próxima e bebíamos água usando as próprias mãos como copo. A água, obviamente, não era filtrada, e as mãos não estavam nada limpas.

Mas quem, com 11 anos de idade, no meio de uma partida decisiva de futebol de Havaianas, estaria preocupado com água mineral? A gente queria matar a sede e correr de volta para a próxima partida. O futebol nos absorvia totalmente.

Exceto por uma coisa: o pé de manga na casa da dona Alzira. Na minha mente infantil, dona Alzira era a vizinha rica, pois tinha uma casa maior, de esquina, com um terreno bem grande. Nos fundos desse terreno, ficava o pé de manga, que era o McDonald's do nosso time de futebol. Sem que a dona Alzira soubesse, é claro.

Dois ou três de nós se penduravam no pé de manga, e ficávamos tão empolgados que raramente dava para descer com calma. O mais provável era que nossos gritos chamassem a atenção da dona Alzira, e quando isso acontecia, o jeito era se jogar lá de cima, porque lá vinha vassourada. E olha que a vassoura dela nem voava (pelo menos, nunca vi), apesar de a gente achar que ela era uma verdadeira bruxa.

Mas tinha dias em que, mortos de fome, a gente subia no pé de manga (era o maior trabalho do mundo) e, quando ia pegar a fruta, ela tinha encruado ou talhado, como se diz na minha região sobre uma fruta que perdeu o tempo, não se desenvolveu corretamente e apodreceu.

A manga foi criada para um propósito: ser uma fruta com sabor indescritível, rica em nutrientes e, além disso, com a capacidade de alimentar a meninada faminta da rua da dona Alzira. Mas, se a manga não amadurece, ela não cumpre o propósito para o qual foi criada. E o que acontece, então? Ela apodrece. E quando ela apodrece, o que a gente faz? Joga fora.

Bingo!

> Aquilo que não alcança seu propósito perde o sentido de sua própria existência.

Aquilo que não alcança seu propósito perde o sentido de sua própria existência. Há homens que vivem dessa forma: sem sentido, sem propósito, parados. Às vezes, sentem que até já encruaram e apodreceram, achando que não servem mais para nada.

Mas ainda há tempo. Se você está vivo, ainda pode se reposicionar — e a hora é agora! É tempo de aceitarmos a convocação que Deus nos fez em Gênesis. É hora de deixar de ser menino e se tornar homem. Este é o momento de viver, com plenitude, a vida para a qual você foi criado.

A GARAGEM DA VIDA

O que é uma vida vivida plenamente?

Deixe-me ilustrar. Você pode comprar um carro e deixá-lo estacionado na garagem pelos próximos cinco anos. Em vez de dirigi-lo, você faz do seu carro um local para se deitar, escutar uma boa música, observar as estrelas pelo teto solar ou tirar um cochilo no banco de trás.

Dá para fazer isso no carro? Sim. É a melhor forma de usar um carro? Certamente que não.

Em cinco anos, os pneus do carro irão murchar e não terão mais utilidade. As engrenagens estarão emperradas e talvez nem dê para dar a partida. Dependendo de onde você mora, pode ter surgido um ponto ou outro de ferrugem. Além disso, depois de cinco anos dormindo no banco de trás, suas costas estarão bastante prejudicadas, já que aquele banco não foi projetado para ninguém dormir. Em cinco anos, é possível que seu carro — e talvez você, de tanto dormir nele — nem saia mais do lugar.

O carro foi criado com um propósito: transportar pessoas e cargas. Para que isso aconteça, ele precisa ser conduzido corretamente. Quando usado de outra forma, até pode funcionar por um tempo, mas não alcança sua verdadeira finalidade — e isso pode comprometer sua estrutura de maneira irreversível. De forma semelhante, fomos criados para viver com propósito, conforme a vontade de Deus. Quando nos afastamos disso, até podemos encontrar algum sentido passageiro, mas jamais viveremos com plenitude fora daquilo para o que fomos criados. Alguns homens escolheram ficar estacionados na garagem da vida. Não viveram aquilo para que foram criados, não assumiram seu chamado. Depois de anos assim, nem eles mesmos se aguentam. Suas habilidades são ultrapassadas, o corpo está fragilizado. Estão tão fracos que ninguém mais quer tê-los por perto.

> Alguns homens escolheram ficar estacionados na garagem da vida. Não viveram aquilo para que foram criados, não assumiram seu chamado.

Não importa qual o modelo do carro que você tem na garagem, nem a potência do motor. Enquanto está guardado na garagem, ele não tem nenhuma vantagem sobre uma bicicleta. Da mesma forma, homens fortes que não se movem em direção ao seu propósito desperdiçam a força que Deus colocou neles. Deitados no sofá, gastando a vida em séries e *reels* do Instagram, têm a mesma força que um urso

FORÇA E LEGADO

de pelúcia. A potência que recebemos do Criador não foi feita para a estagnação, mas para nos impulsionar a viver intensamente aquilo para o qual fomos chamados.

Citando o evangelista britânico Henry Varley, "O mundo ainda está por ver o que Deus pode fazer com, para, através, no e pelo homem que lhe seja total e completamente consagrado". Conta a história que essa frase foi dita em uma conversa entre Henry e o famoso evangelista Dwight L. Moody. A afirmação marcou profundamente a vida do pregador, então com 36 anos. Sem possuir formação teológica, Moody alcançou todas as classes sociais, chamando seus ouvintes a terem uma vida consagrada a Deus. Ele fundou o Instituto Bíblico Moody, que ainda hoje forma líderes cristãos, e promoveu grandes cruzadas evangelísticas nos Estados Unidos e na Inglaterra. Tudo porque respondeu ao desafio de Henry, dizendo: "Tentarei ao máximo ser esse homem". E você? Que coisas o mundo ainda não viu e que dependem apenas de você abraçar o seu chamado?

Apesar dos riscos de viver estacionado, a boa notícia é que nunca é tarde para girar a chave da ignição e iniciar a jornada para a qual fomos criados. Existe um ponto de partida — uma decisão essencial — capaz de transformar uma vida adormecida em uma história de propósito e força renovada. No próximo capítulo, exploraremos exatamente onde essa transformação começa e como podemos construir, dia após dia, uma vida verdadeiramente forte.

ORAÇÃO DE FORÇA E LEGADO

Senhor, ajuda-me a sair da estagnação e a enxergar a vida como uma jornada com propósito. Dá-me coragem para deixar de lado a imaturidade e assumir com responsabilidade o chamado que colocaste sobre mim. Que eu não viva como quem apenas existe, mas como alguém que constrói, que sonha, que amadurece e que vive por algo maior do que si próprio. Que meu legado comece com a decisão de crescer e obedecer à tua voz, mesmo quando o mundo ao meu redor insiste em permanecer menino. Em nome de Jesus, amém.

HOMEM DE REFLEXÃO

1. Em que áreas da minha vida ainda tenho agido com imaturidade?
2. Qual legado estou construindo com as escolhas que faço hoje?
3. Tenho vivido com propósito ou apenas reagido às circunstâncias?
4. Como posso me preparar para mudar de fase e crescer espiritualmente?
5. De que maneira tenho desperdiçado a força que Deus me deu?
6. O que preciso deixar para trás para viver plenamente o chamado de Deus?
7. Como posso hoje começar a viver a vida para a qual fui criado?

BIOGRAFIA DE FORÇA E LEGADO

Noé

Força na obediência solitária, legado que preserva a vida

Em uma geração corrompida e violenta, Noé se destacou por algo raro: andava com Deus. Sua força não vinha de alianças políticas nem de vitórias militares, mas de uma obediência que persistia mesmo quando ninguém mais cria. Quando tudo ao redor desmoronava moralmente, Noé permaneceu fiel — e isso foi suficiente para Deus confiar a ele a missão de recomeçar a história da humanidade.

Construir uma arca por mais de cem anos, sob zombarias e sem nenhuma nuvem no céu, exige uma força que só pode vir da fé. Noé não era apenas um carpinteiro obediente, mas um homem que carregava nas costas o peso de preservar o futuro. Ele liderou sua casa com firmeza, ensinando seus filhos a temer a Deus e a confiar nas suas promessas.

A masculinidade bíblica que Noé representa é silenciosa, resiliente e comprometida com o bem de outros — mesmo sem aplauso. Sua obediência solitária salvou sua família, preservou a criação e estabeleceu uma nova aliança entre Deus e os homens.

Seu legado atravessa gerações como testemunho de que, mesmo quando tudo parece perdido, Deus ainda conta com homens dispostos a ouvir sua voz e a obedecer com coragem. Noé nos lembra que o verdadeiro impacto de um homem pode começar em silêncio, mas ecoa por toda a História.

◆ C A P Í T U L O 2 ◆

O PONTO DE PARTIDA PARA UMA VIDA FORTE

IMAGINE, POR UM SEGUNDO, que você é um técnico esportivo. Seu time conta com Ayrton Senna, Usain Bolt, Michael Jordan, Bernardinho, Oscar Schmidt, Mike Tyson, Rafael Nadal, Tiger Woods, Michael Phelps, Bruce Lee e César Cielo. Estão todos à sua disposição para disputar um importante campeonato. Sem dúvida, é um time cheio de estrelas, de atletas excepcionais que inspiraram o mundo inteiro.

O problema é você terá de prepará-los para disputar a UEFA Champions League, a liga europeia de futebol. Vocês vão enfrentar equipes como Real Madrid, Barcelona, Ajax, Liverpool ou Manchester United. Como você acha que seu time se sairia? Acredito que seu elenco não teria chance alguma.

Penso isso porque nenhum deles é um exímio jogador de futebol. Se colocarmos essas lendas para atuar em algo para o qual não têm talento — ou, ainda que tenham talento, não é a área na qual, de fato, se destacam — por mais excelentes que sejam, nunca alcançarão seu potencial máximo. Não importa quanta força ou habilidade um atleta possua, se ele estiver atuando fora do seu chamado, irá apenas se desgastar. Força mal direcionada não gera resultado; ela apenas consome energia e aumenta a frustração.

> Força mal direcionada não gera resultado; ela apenas consome energia e aumenta a frustração.

E não que isso nunca tenha acontecido na vida real. Michael Jordan é considerado um dos maiores jogadores de basquete da história. Após a morte do pai, em

1993, ele passou por uma crise e abandonou o esporte para realizar o sonho do pai: ser jogador de beisebol. Jordan chegou a assinar contrato com o Chicago White Sox e disputou a liga, mas não teve o mesmo sucesso que teve nas quadras. Dois anos depois, voltou ao basquete, jogando novamente pelo Chicago Bulls — e o resto é história. Ele se tornou uma lenda do basquete por fazer exatamente aquilo que tinha habilidade.

Assim também é na nossa vida. Enquanto não entendermos quem realmente somos, continuaremos jogando em um campeonato que não é o nosso. E, por isso, ficaremos cansados, frustrados, sem obter resultados. A taça de campeões se torna um sonho cada vez mais distante em nossa vida.

Nas vitórias, paixão e propósito caminham juntos. É com eles que alcançamos as grandezas que Deus preparou para nós. Mas para vivê-las, precisamos estar no campeonato certo. Para isso, é fundamental compreender sua identidade.

A ERA DA HIPERCONECTIVIDADE

Isso pode ser mais difícil do que parece. Tenho visto muitos homens confusos nos dias de hoje, desorientados pelo excesso de informação, de opção. Como podemos saber para onde devemos ir?

Quando eu era criança, havia apenas quatro ou cinco canais na televisão. O desenho animado na infância tinha hora certa para passar, e muitas vezes eu saía correndo do colégio para não perder o He-Man.

Mais tarde, na época de prestar vestibular, existiam apenas quatro opções de faculdade na minha cidade. Além disso, durante toda a minha adolescência, ouvi minha mãe dizer que eu teria de ser médico, advogado ou engenheiro. Com isso, não foi difícil escolher a minha graduação: cursei engenharia.

Sim, antigamente havia menos opções. Não era difícil saber aonde ir, o que assistir. Hoje, eu gasto pelo menos meia hora para escolher o que assistir em uma plataforma como a Netflix. São tantas opções que eu, muitas vezes, me canso e desisto de assistir alguma coisa.

As coisas mudaram, e muito rapidamente. Nunca se recebeu tanta informação como hoje. A era da hiperconectividade nos expõe a um excesso de informações. Uma pesquisa do Instituto Gartner, uma consultoria especializada no mercado de TI, estima que a quantidade de informações a que temos acesso hoje supere 40 trilhões de gigabytes de dados no mundo. Isso significa 2,2 milhões de terabytes de novos dados gerados diariamente. Esse volume equivale a 4 quintilhões de folhas no formato A4, disponibilizadas todos os dias.[1] No passado, o volume de informação dobrava a cada 200 anos; hoje, dobra a cada ano.[2]

Estamos sendo bombardeados com mais e mais conteúdos — mas isso não significa que estamos ficando mais inteligentes ou mais felizes. Especialistas como o físico espanhol Alfons Cornellá, fala de uma "intoxicação" de informação, que ele chamou de *infoxicação*. Para ele, essa condição é causada pela exposição a mais dados do que o ser humano é capaz de absorver.[3] E isso não é de agora. Já em 1996, o psicólogo britânico David Lewis falou da Síndrome da Fadiga Informativa.[4] Trata-se de um estado de exaustão mental causado pela sobrecarga de informações, e pode resultar em dificuldade de concentração, diminuição da produtividade, irritabilidade e cansaço extremo.

É impossível processar todas as informações que recebemos. O excesso de conteúdo tem gerado um excesso de pessoas exaustas. Talvez você até esteja se sentindo assim: cansado, sem rumo, com tanta coisa para fazer, mas chegando ao fim do dia sem se sentir produtivo — e, pior ainda, sem se sentir realizado. Eu sei bem o que é isso. Durante muito tempo, minha oração era para que Deus revelasse seu propósito para mim. Qual caminho eu deveria seguir? Em

---

[1] ALMEIDA, Instituto. *Hiperconectividade, excesso de informações e saúde mental.* Disponível em: https://vidasaudavel.einstein.br/hipercone,ctividade-excesso-de-informacoes-e-saude-mental/. Acesso em: 20 maio 2024.

[2] ENTRE RIOS JORNAL. *Síndrome do pensamento acelerado e o excesso de informações.* Disponível em: https://www.entreriosjornal.com/2022/02/sindrome-do-pensamento-acelerado-e-o.html. Acesso em: 20 maio 2024.

[3] SESC-SP. *A era da infoxicação.* Disponível em: https://www.sescsp.org.br/editorial/a-era-da-infoxicacao/. Acesso em: 15 abr. 2025.

[4] PRINTWAYY. *Infoxicação, FOMO e síndrome da fadiga informativa: veja os danos do excesso de informação.* Disponível em: https://printwayy.com/blog/infoxicacao-fomo-e-sindrome-da-fadiga-informativa-veja-os-danos-do-excesso-de-informacao/. Acesso em: 20 maio 2024.

qual campo eu deveria entrar? Viver sem rumo é desgastante. E certamente, tornou-se desafiador compreender nosso propósito com tanta informação nos cercando.

CRISE DE IDENTIDADE

É muito comum o jovem, quando ganha independência e vai à universidade ou entra no mercado de trabalho, ser bombardeado por uma grande diversidade de novas opiniões e valores sobre a vida, que o encoraja a questionar e reinterpretar as normas e os valores com que foi criado. Se ele não tem base sólida ou direcionamento, acaba caindo em uma crise de identidade. Não sabe a quem dar ouvidos, nem para onde está encaminhando a vida.

A crise de identidade não é marca apenas da juventude. Qualquer pessoa, de qualquer idade, pode passar por isso. Ela geralmente acontece quando nossos valores mais profundos são questionados; ou quando aquilo em que acreditávamos piamente parece ser falso. Uma traição, a perda de um emprego, uma deficiência física, um escândalo na igreja — tudo isso pode ocasionar uma crise de identidade. A crise pode abalar a saúde mental e, consequentemente a saúde física e os relacionamentos. Ela pode gerar desânimo, medo, falta de esperança. A pessoa se sente sem rumo, perdida.

No entanto, o que temos percebido é que muitas pessoas vivem uma crise de identidade sem ter passado por qualquer situação trágica. Elas simplesmente não sabem quem são. Mudam seu comportamento, seus valores e suas crenças dependendo do que está na moda.

Apesar das diversas tendências, há hoje duas grandes forças que modelam identidades e comportamentos. Em primeiro lugar, está o materialismo, um estilo de vida que foca apenas em acumular, comprar e juntar coisas. Com isso, somos uma geração de pessoas que se concentram no ter e se esquecem do ser.

Em segundo lugar, temos o relativismo, uma forma de pensamento que rejeita valores absolutos. Mas essa suposta liberdade tem gerado uma sociedade em que as pessoas se entregam a uma vida sem sentido. Isso termina levando à angústia, desespero, ansiedade e tantas outras crises emocionais.

Enfim, vivemos na sociedade do "eu sou o que tenho" e "eu sou o que acho que sou". Se você for um cara ignorante e mau-caráter, mas tiver um enorme patrimônio, você será respeitado. Da mesma forma, se você acordar amanhã sentindo que é um cachorro, pode colocar uma coleira e sair pela rua andando em quatro apoios que está tudo bem!

A questão é que, sem uma verdade objetiva que sirva de âncora para nossa identidade, experimentamos dúvida quanto à nossa missão. E o que o mundo nos oferece é fraco demais para sustentar os valores centrais da nossa vida.

A BASE VEM FORTE

No futebol, sabe-se que a formação de um time vencedor começa muito antes do apito inicial. Antes do vestiário, antes dos treinos, antes dos contratos e da convocação. Normalmente, os times que alcançam uma trajetória de maior êxito no esporte são aqueles que defendem o lema: "A base vem forte".

O Barcelona é um time que me impressiona muito. Adoro vê-lo em campo. Há décadas o clube investe pesado em suas categorias de base. *La Masía* é a academia de formação de jogadores do FC Barcelona. Fundada em 1979, é considerada uma das academias de futebol mais prestigiadas do mundo. A instituição recruta meninos a partir dos 6 anos, oferecendo não apenas treinamento técnico e tático, mas também educação acadêmica, desenvolvimento pessoal e apoio psicológico.

La Masía ficou mundialmente famosa por revelar alguns dos maiores talentos do futebol, como Xavi Hernández, Andrés Iniesta e, claro, Lionel Messi. O atualmente mais célebre de todos os "filhos" da La Masía chegou à academia aos 13 anos. Ali, além da parte técnica, Messi também foi formado em caráter. A academia ajudou Messi a internalizar profundamente os valores fundamentais do time, como respeito, trabalho em equipe, humildade e disciplina. Hoje, diferentemente de muitos jogadores que se envolvem em escândalos e comportamentos destrutivos, Messi é reconhecido por sua vida pessoal estável e exemplar. Talvez você se lembre da comovente cena de comemoração Copa do Mundo de 2022. Aos 35 anos, Messi conquistou o tão sonhado título mundial pela Argentina. Em todos os momentos, fez questão de evidenciar o apoio incondicional e a participação da família em seu sucesso, celebrando com sua esposa e filhos aquela vitória histórica.

É a partir dessa base sólida que a verdadeira força é construída. Força não nasce do improviso, mas da constância. Homens fortes são aqueles que foram moldados desde cedo nos princípios certos e que continuam a fortalecer suas raízes ao longo da vida. Sem uma base consistente, até mesmo o maior talento se torna vulnerável. Com uma base forte, porém, a força interior se torna inabalável, capaz de resistir às pressões e sustentar grandes conquistas.

Nós, como homens cristãos, também precisamos buscar uma base forte e sólida — não apenas para nós mesmos, mas para o legado que deixaremos aos nossos filhos. É necessário um investimento intencional em caráter, valores e princípios, de modo que esses fundamentos se tornem parte do nosso DNA e, consequentemente, do deles. Quando não há uma base firme, as estruturas se tornam frágeis.

O que vejo hoje é uma sociedade sem bases porque decidiu inventar seu próprio manual de vida, à revelia de seu Criador. Pessoas tentam ser independentes, competindo com o modelo de vida que Deus estabeleceu, mas isso só as torna mais frágeis.

O COMEÇO DE UM LEGADO

A filosofia, há muito tempo, já abordava questões fundamentais da existência humana como "quem eu sou?", "de onde eu vim?" e "para onde eu vou?". Ainda hoje, vivemos em busca da resposta a essas perguntas, porque isso determina não só quem somos, mas como viveremos. Sem entender isso, iremos apenas vagar pela vida, sem direção nem propósito. E em algum momento, corremos o risco de olhar para trás e perceber que não construímos legado nenhum.

A Bíblia nos mostra claramente de onde viemos (Gênesis 2:7; João 1:3), quem somos (Gênesis 1:27; Salmos 139:14; 1Pedro 2:9) e para onde vamos (João 14:1-6; Filipenses 3:20-21; Apocalipse 21:1-4).

Quando você entende que é filho de Deus, criado à imagem e semelhança dele, sabendo também que sua identidade pode ser fortalecida diariamente por meio de um relacionamento pessoal com

Jesus, você se sente mais digno e mais feliz. Sua vida não é um acidente. Você não é determinado pelo que lhe aconteceu. Seu valor está intrinsecamente ligado a quem você é em Deus.

Encontrar identidade e propósito em Deus é uma busca essencial, que nos fortalece para as batalhas da vida. Precisamos despertar nossa fé a cada dia, compreendendo que não vivemos pelo que vemos, pelo que nos aconteceu, mas pelo que Deus fará em nós e por meio de nós.

O que mais me empolga na visão bíblica sobre nossa vida é que Deus não apenas nos revela quem somos, mas também mostra para onde vamos. Você não está vagando sem rumo. É maravilhoso saber que existe um caminho e um destino preparados para nós. Isso me enche de alegria, porque a história que vivemos, embora sem saber o que vai acontecer no capítulo seguinte, já tem um final conhecido: Jesus vence. E, com Ele, somos mais que vencedores. Existe uma promessa de vida eterna para nós.

De um lado, vemos uma crise de identidade – alimentada pela ausência de respostas – gerar uma sociedade confusa e ignorante quanto ao seu verdadeiro propósito de existir. Do outro, Deus oferece uma direção estável e clara, com uma promessa de vida que vai além do aqui e agora.

Qual caminho você irá escolher?

Para termos um coração que agrada a Deus e, assim, refletirmos a imagem e o caráter de Cristo, não precisamos — e nem conseguiremos — ser perfeitos. Mas precisamos buscar força em diversas áreas da nossa vida. Isso inclui fé, integridade, amor, humildade, coragem, sabedoria, serviço, fidelidade, oração e santificação. Essas características formam a base sólida para uma vida que honra a Deus e serve aos outros, promovendo um testemunho autêntico da fé cristã.

Depois de conhecermos nossa identidade, o próximo passo é planejar o futuro. Ter metas, sonhos e objetivos é algo extremamente saudável. O filósofo Sêneca disse: "Qualquer vento é favorável àquele que não sabe para onde vai". Ou seja, é fundamental saber qual é o seu destino. Mais do que isso, é importante refletir sobre o legado que deixaremos após alcançarmos nossos objetivos. Quais serão as sementes que sua vida plantará hoje para florescerem no futuro, por meio do seu legado?

Traçar o rumo é essencial, mas tão importante quanto planejar é entender a responsabilidade que recebemos desde o princípio: governar com sabedoria tudo o que nos foi confiado. Deus não apenas nos deu um destino para alcançar, mas também a autoridade para influenciar e transformar o mundo à nossa volta. No próximo capítulo, vamos refletir sobre como tomar posse desse governo — um chamado que remonta às origens da humanidade e que continua atual em nossa jornada de fé.

ORAÇÃO DE FORÇA E LEGADO

Pai, mostra-me quem eu sou em ti. Em meio à confusão da informação e às vozes que me distraem, quero ouvir tua voz dizendo qual é o meu lugar no mundo. Livra-me de gastar minha força fora do campo para o qual fui criado. Que eu compreenda minha verdadeira identidade, reconhecendo que sou teu filho, criado à tua imagem, chamado para viver com propósito e dignidade. Conduze-me para que minha força seja bem direcionada e meu legado seja fruto de uma vida centrada em ti. Amém.

HOMEM DE REFLEXÃO

1. Eu conheço de verdade minha identidade em Deus?
2. Estou jogando no "campeonato" para o qual fui criado?
3. Como posso alinhar minhas paixões e habilidades ao propósito divino?
4. Tenho sido vítima da "infoxicação"? Como posso reduzir o excesso de informação na minha vida?
5. De que maneira o materialismo e o relativismo têm influenciado minhas decisões?
6. Quais passos concretos posso dar para construir uma base sólida para minha vida?
7. Estou mais preocupado em acumular ou em ser aquilo que Deus me chamou para ser?

BIOGRAFIA DE FORÇA E LEGADO

Abraão

Força na fé, legado que abençoa todas as famílias da terra

Abraão é conhecido como o pai da fé, mas sua jornada foi marcada por incertezas, esperas longas e desafios profundos. Sua força não estava em saber para onde ia, mas em obedecer mesmo quando não sabia. Quando Deus o chamou, ele partiu — sem mapas, sem garantias, apenas com uma promessa e a confiança de que Deus era fiel.

A masculinidade de Abraão não se construiu na conquista de territórios, mas na construção de um relacionamento com Deus. Ele ergueu altares antes de construir tendas, priorizando a presença divina em meio à peregrinação. Sua força se revelou na disposição de crer contra a esperança, quando tudo ao seu redor dizia que era tarde demais para ter um filho, para ver a promessa cumprida, para ainda sonhar.

O teste mais marcante de sua vida veio quando Deus pediu o que lhe era mais precioso: Isaque. E Abraão, mesmo sem compreender, subiu o monte, confiando que Deus proveria. E proveu. Ali, ele deixou não apenas um testemunho de fé, mas um modelo de obediência radical.

O legado de Abraão ultrapassa sua descendência biológica — ele é pai de todos os que creem. Sua vida ensina que um homem de verdade é aquele que anda com Deus, mesmo sem todas as respostas, e vive não para construir seu próprio nome, mas para cumprir as promessas de Deus ao mundo.

• C A P Í T U L O   3 •

TOME POSSE DO GOVERNO

JÁ DESEJEI MUITAS VEZES que alguns cruzamentos da minha cidade não tivesse um semáforo, principalmente aquele que parece saber que estou atrasado e, por isso, fecha. Também já me doeu acumular pontos na minha carteira de motorista, e ainda ter de pagar uma multa, por ter dirigido além do limite de velocidade. Mas quando me irrito com semáforos e radares de velocidade, me pergunto: e se eles não existissem para controlar o tráfego intenso das grandes cidades? Quantos acidentes aconteceriam a mais? Pensando assim, eu nem diria que são um mal necessário, mas um bem que nós usamos mal.

A sociedade tem se organizado, ao longo do tempo, em formas de governo que visam o bem comum. A forma mais comum é a por meio da obediência a normas, leis e regras. Os exemplos são os mais diversos: vão desde o Código de Hamurábi, criado no século 18 a.C. na Mesopotâmia; passando pelo direito romano, que vigorou até o século 6, influenciando todo o sistema jurídico ocidental; até a Torá judaica, que tem normatizado a vida do povo judeu desde a antiguidade até hoje.

O fato é que, sem referências, estaríamos desgovernados. Sem uma direção clara sobre o que pode ou não ser feito, a sociedade mergulharia em completa desordem. O mundo precisa de ordem para funcionar, e vemos isso desde o princípio, quando Deus cria a terra. A Bíblia nos conta que Deus é um Deus de ordem: Ele separou a luz das trevas (Gênesis 1:4); colocou fronteiras do mar para que as águas não invadissem a terra (Provérbios 8:29), e determinou que cada planta produzisse flores e frutos segundo a sua espécie (Gênesis 1:11). Se, hoje, você planta manga e não colhe jaca, não é por acaso! Deus determinou que fosse assim.

Deus não habita no caos. Ele não é um Deus de confusão. Por isso, Ele deu a seus representantes, os seres humanos, a ordem de dominar a terra (Gênesis 1:26). Hoje, Ele ainda nos chama a assumir esse papel de governo, que tem tudo a ver com nosso papel como homens na sociedade.

Em todo lugar, é preciso que alguém direcione, guie, encontre soluções, mostre o caminho. A sociedade tem se perdido por falta de liderança; por falta de pessoas que mostrem uma perspectiva mais elevada. As famílias têm sido destruídas pela omissão daqueles que deveriam proteger e direcionar os seus, mas se escondem.

Precisamos assumir a responsabilidade para a qual fomos criados. Não podemos ser figuras decorativas nessa história chamada vida, esperando que outras pessoas dominem para nós, quando recebemos um papel claro da parte de Deus, de sermos os responsáveis pelo nosso mundo — e não pense no planeta inteiro. É o pequeno mundo da sua casa, do seu escritório, do seu carro, do seu lado do guarda-roupa e, especialmente, da sua mente e do seu coração.

> Não podemos ser figuras decorativas nessa história chamada vida.

O QUE É GOVERNAR?

O chamado para governar continua vigente. Ele é o que definirá o resultado da partida da vida. Quando chegarmos ao último minuto do jogo, olharemos para o placar e descobriremos se vencemos a partida, entregando aquilo que se esperava de nós, ou se não demos o nosso melhor e terminamos derrotados, sem poder voltar atrás. O resultado do jogo se decide agora.

Governar é guiar, administrar, liderar sua casa e sua família, conduzindo as pessoas que Deus coloca sob sua responsabilidade ao destino profético que Deus tem para elas. É estar à frente nas batalhas. É ser o primeiro a servir. É se entregar totalmente, sacrificando-se em favor dos outros.

Para governar, é preciso ter força — não apenas força física, mas força de caráter, de resistência e de convicção. A força que Deus colocou em nós precisa ser usada para proteger, sustentar, orientar e inspirar. Sem essa força ativa, o governo se torna frágil e a liderança vacila. Homens fortes são aqueles que governam com sabedoria e amor, mesmo em meio às pressões da vida.

Governar requer tomar decisões difíceis. Você terá de fazer escolhas que, no momento, podem parecer duras, mas que são cruciais e apontam para um bem maior no futuro. Você precisará gerenciar conflitos, agir com justiça e sabedoria. Muitas vezes, será o pacificador — porque é isso que você deseja transmitir à sua família. Citando o escritor Douglas Wilson, "Homens foram criados para exercer domínio sobre a terra; foram moldados para lavrar, cultivar a terra; equipados para ser salvadores, livrando do mal; espera-se que cresçam em sabedoria, tornando-se sábios".[1]

Os homens da Bíblia que assumiram sua posição de governo, deixaram um legado que ultrapassou gerações. Abraão foi o pai de multidões; Moisés libertou e conduziu o povo de Israel; José governou o Egito; Davi foi o maior rei de Israel. Salomão, com sabedoria, conduziu um reinado de paz em sua época. Sim, existe muita responsabilidade no governo, mas também há muita alegria e recompensa em saber que você está realizando o propósito para o qual Deus o criou.

O GOVERNO QUE COMBATE O CAOS

Se governar é um chamado, é também uma batalha. Um território sem liderança logo se torna terra arrasada. Governar é enfrentar o caos e proteger o ambiente que Deus colocou sob seu governo. Isso significa combater aquele que semeia o caos, o pai da mentira e da confusão, que tenta nos enganar e nos distrair de nossa posição de governo. Satanás sabe que a ausência de governo gera insegurança, confusão, ineficiência e caos em qualquer ambiente. É exatamente isso que acontece em nossa vida e ao nosso redor quando deixamos de exercer o governo que fomos chamados a realizar.

---

[1] WILSON, Douglas. *Futuros*. Formato Kindle.

Precisamos de coragem para sair dos bastidores e entrar na linha de frente da vida. Aí, o mais importante não é viver ou morrer, mas *como* viver. A maneira pela qual vivemos determina o legado que deixaremos. Isso, sim, tem valor.

Com a autoridade para governar, vem a responsabilidade de governar bem — de fazer com zelo aquilo que Jesus nos confiou, segundo os princípios dele. E Ele nos ensinou: "Venha o teu reino; seja feita a tua vontade, assim na terra como no céu" (Mateus 6:10). É isso que Ele deseja: que governemos aqui, com os princípios do reino. E reino de Deus não tem a ver com religião — tem a ver com soberania e influência. Deus não deu a Adão uma religião, mas um reino que precisava ser administrado da mesma forma que Deus administraria. É simplesmente isso que Deus requer de nós.

Assumir a responsabilidade de governar com os princípios do reino exige maturidade. Não se trata apenas de exercer autoridade, mas de refletir, em cada atitude, a sabedoria e a grandeza do caráter de Deus. No entanto, muitos ficam presos em atitudes imaturas que sabotam seu chamado e comprometem seu impacto. No próximo capítulo, vamos falar sobre a necessidade urgente de romper com a prisão da infantilidade e avançar rumo à maturidade espiritual.

Oração de força e legado

Deus, dá-me sabedoria para governar com justiça, amor e responsabilidade tudo o que confiaste às minhas mãos. Que eu não fuja do meu papel, mas me levante como líder dentro da minha casa, no meu trabalho e nos ambientes que habito. Ensina-me a ser um pacificador, um orientador e um exemplo de firmeza e mansidão. Rejeito a omissão e escolho viver conforme os princípios do teu reino, governando com excelência, não para a minha glória, mas para a tua. Em nome de Jesus, amém.

Homem de reflexão

1. Em quais áreas da minha vida tenho evitado assumir responsabilidade?
2. O que significa, para mim, governar com os princípios do reino de Deus?
3. Tenho liderado minha família com amor e coragem?
4. Como posso combater o caos espiritual, emocional e relacional à minha volta?
5. Estou refletindo a ordem e a sabedoria de Deus em minha casa e no meu trabalho?
6. Quais decisões difíceis preciso tomar para honrar o governo que me foi confiado?
7. De que maneira posso ser um pacificador e não um causador de desordem?

BIOGRAFIA DE FORÇA E LEGADO

Jacó

Força no quebrantamento, legado que nasce da transformação

Jacó começou sua história tentando conquistar tudo com astúcia: o direito de primogenitura, a bênção do pai, a vantagem sobre o irmão. Seu nome carregava o peso de seu caráter — "usurpador". Mas Deus via além da esperteza. Via um homem em formação, que seria moldado ao longo de uma vida marcada por conflitos, fugas e reencontros.

A força de Jacó não estava na esperteza que o fazia vencer, mas na vulnerabilidade que o levou a se render. Lutou com Deus a noite toda, e mesmo mancando, saiu dali com um novo nome: Israel. Sua identidade foi transformada no encontro com o divino. Ali, Deus não apenas o feriu — Ele o firmou. Aquele que vivia fugindo tornou-se o patriarca de uma nação.

Jacó aprendeu que o legado não nasce do controle, mas da rendição. Foi ao se reconciliar com Esaú, ao liderar sua casa para adorar a Deus, ao abençoar seus filhos nos últimos dias, que seu legado se consolidou. Ele foi o elo entre Abraão e as doze tribos, entre a promessa e o povo.

Jacó nos ensina que a masculinidade bíblica não é imaculada nem pronta, mas forjada na dor, na luta e no encontro com Deus. Seu legado é uma prova viva de que até os homens mais falhos podem se tornar pilares quando se deixam transformar pelo toque do Senhor.

CAPÍTULO 4

LIVRE-SE DA PRISÃO DA INFANTILIDADE

MARCOS ERA UM HOMEM COMUM. Aos 37 anos, tinha uma vida aparentemente estável: um emprego seguro, uma esposa amorosa, dois filhos saudáveis e uma casa confortável. Frequentavam uma igreja evangélica próxima de casa, e era habitual estarem juntos aos domingos, cultuando a Deus.

No entanto, havia algo errado.

Nos horários vagos — à noite ou nos fins de semana —, em vez de passar tempo com a família ou se engajar em atividades produtivas, Marcos se trancava no quarto e passava horas jogando videogame. Durante a semana, fazia apenas o mínimo necessário no trabalho, evitando responsabilidades maiores e qualquer tipo de desafio. Por isso, nunca conseguia uma promoção ou uma nova oportunidade de emprego. As despesas da casa só aumentavam, e o orçamento familiar ficava cada vez mais apertado.

Com o tempo, sua esposa, Marta, começou a notar que as crianças, antes tão próximas do pai, agora se distanciavam. Evitavam conversar com ele e preferiam passar o tempo ao lado dela. Ela tentou conversar sobre o assunto diversas vezes, mas ele sempre desconsiderava suas preocupações, convencido de que estava tudo bem.

No fundo, Marcos também percebia que algo estava errado. Notava a frieza crescente no olhar de Marta, a falta de respeito dos filhos e sua própria insatisfação com a vida. Mas não sabia como mudar — ou pior, não queria admitir que precisava mudar. Acomodou-se com a situação e preferia fingir que nada estava acontecendo.

O que Marcos não percebia era o dano silencioso que sua imaturidade estava causando. Sua ausência de liderança e de exemplo dentro de casa criava um ambiente de insegurança e desconexão. As crianças, aprendiam que a figura paterna era ausente e irrelevante. Marta, sentindo-se sobrecarregada e desvalorizada, pensava em alternativas para buscar a felicidade que se esvaia de sua vida. A idade avançava, e ela se sentia mal-amada, malcuidada e trocada pelos jogos que dominavam as madrugadas dos seus finais de semana.

Marta trabalhava em uma equipe de vendas. Um dia chegou um novo líder para o grupo, o João. Era um homem decidido, um líder convicto. Incentivava e destravava o potencial das pessoas da equipe de vendas. Seu foco era extrair o melhor de quem convivia com ele.

Marta passou a admirar João. Via nele o homem que já não enxergava mais no marido. Um dia, durante um *happy hour* da equipe de vendas, que celebrava mais uma vez as metas atingidas, Marta abriu o coração para João. Compartilhou suas dificuldades em casa, a solidão dentro do casamento, a falta de postura do marido. Encontrou no líder o ombro amigo que não experimentava fazia muito tempo. E o que começou como uma amizade, acabou evoluindo para um caso de amor.

Enquanto Marcos jogava videogame, sua esposa encontrava na traição uma forma de se sentir viva novamente: valorizada, desejada, cortejada, potencializada e bem cuidada por João.

* * *

Essa é uma história triste. E acontece hoje em dia muito mais do que você possa imaginar. Márcia e eu atendemos centenas de casais, e sabemos bem o quanto essa cena se repete.

Deixo claro: não existe justificativa para a traição. Na minha opinião, nada justifica um adultério. Mas precisamos falar sobre a responsabilidade do marido, que não assumiu seu papel, na traição da esposa. A negligência emocional e a falta de liderança dentro de casa geram consequências profundas. Precisamos tratar essas raízes antes que o dano se torne irreversível.

A RESPONSABILIDADE CHAMA

Um homem precisa ser homem. Simples assim. Parece tão óbvio, mas, às vezes, precisamos trazer à tona assuntos que, apesar de evidentes, infelizmente, têm sido esquecidos ou ignorados. Vivemos uma verdadeira crise de identidade masculina na sociedade, que tem impedido muitos homens de alcançarem seu pleno potencial — e, como consequência, sobrecarregado mulheres com responsabilidades que não deveriam ser só delas, além de privar filhos da segurança e proteção necessárias para crescerem com equilíbrio e confiança.

Homens que não atenderam ao chamado para crescer jamais deixarão um legado que realmente tenha valor. Homens agindo como meninos se esquecem do básico: que o objetivo de qualquer ser humano é a maturidade. A verdadeira força não nasce da infância, mas da maturidade. Crianças podem ser rápidas, cheias de energia, mas é o homem adulto, forjado na responsabilidade e no caráter, que desenvolve a força necessária para sustentar uma família, construir um legado e resistir aos desafios da vida. Sem maturidade, a força se perde; com maturidade, ela se consolida e se torna uma ferramenta poderosa nas mãos de Deus.

A imaturidade gera consequências graves: relacionamentos se deterioram, carreiras ficam estagnadas, pais idosos ficam sobrecarregados e filhos crescem sem um modelo saudável de masculinidade e liderança.

A Bíblia chama cada um de nós a liderar sua casa, amar sua esposa como Cristo amou a igreja (Efésios 5:25) e ensinar os filhos o caminho em que devem andar (Provérbios 22:6). Mas como cumprir essa missão se ainda agimos como meninos, fugindo das responsabilidades?

Em meus trabalhos junto ao universo masculino, principalmente atendendo maridos, tenho visto alguns conjuntos de comportamentos bem claros, que aqui chamarei de "síndromes" — embora não sejam doenças propriamente ditas, afetam a forma de homens se relacionarem com os outros e consigo mesmo. São atitudes e mentalidades que os mantêm presos à imaturidade, afastando-os de seu chamado para liderar em amor. Analise com seriedade os padrões que apresentarei a seguir e pergunte-se: será que demonstro algum — ou todos — os comportamentos dessas síndromes?

Síndrome de Adão

Apesar de homens agindo como meninos ter se tornado uma cena comum nos dias de hoje, isso não vem de agora. Vem de muito tempo. Na verdade, vem do começo de tudo. É ali que está o segredo. Costumo reforçar aos meus filhos a importância de prestar atenção à introdução de qualquer livro, qualquer filme, qualquer manual. Ali está a chave para entendermos o que vem pela frente. Creio firmemente que, para entender qualquer coisa, devemos ir ao princípio.

A Bíblia nos dá essa perspectiva. Se nos atentarmos fielmente ao livro de Gênesis, entenderemos bem como conduzir a vida.

O primeiro homem, Adão, em sua primeira falha, fundou um conceito de falta de responsabilidade e de terceirização da culpa — o que hoje se chama "síndrome de Adão". Ela é comum em nossos dias, e diz respeito a não assumir os erros e jogar a culpa sobre o outro.

Deus havia dado uma ordem direta a Adão: "não coma da árvore do conhecimento do bem e do mal" (Gênesis 2:17). Adão só precisava obedecer. Mas além de não seguir a ordem de Deus, ele não assumiu seu erro. Quando Deus o confronta, sua brilhante defesa é: "Foi a mulher que me deste". É como se dissesse: "A culpa é tua, Senhor, por ter me dado esta mulher", ou ainda: "A culpa foi dela; eu apenas aceitei". No entanto, o que ele deveria ter dito era: "Eu errei".

Essa terceirização da culpa é sempre uma saída confortável. Mas quem não assume suas responsabilidades, não evolui, não cresce. Como escreveu minha querida esposa, Márcia Marinho:

> Quanto mais procurarmos por culpados para justificar nosso erro, mais erraremos [...] Nós precisamos assumir nossas responsabilidades, reconhecer que, sim, erramos, somos falhos e imperfeitos, mas que, pela ação do Espírito de Deus em nós, renunciamos à nossa natureza pecaminosa e nos entregamos diariamente ao Ourives, para que continue em nós o processo de lapidação, até que estejamos livres de qualquer impureza ou imperfeição.[1]

Precisamos assumir nossa responsabilidade e responder ao chamado divino para sermos homens de verdade, sacerdotes, líderes do nosso lar. O mundo clama por homens que, diante dos desafios e das provações inerentes a esse chamado não fujam, mas ajam como

---

[1] MARINHO, Márcia. *A mulher que eu quero ser*, p. 96.

Jesus, dizendo: "Pai, se queres, afasta de mim este cálice; contudo, não seja feita a minha vontade, mas a tua" (Lucas 22:42).

Síndrome de Peter Pan

Quando éramos crianças, nosso único compromisso era brincar. À medida que crescemos, as responsabilidades aumentam. Quando meus filhos chegaram ao ensino fundamental, e as provas começaram, ter de estudar para um exame era um enorme desafio. Mas eles estavam crescendo, passando de nível. Com a maturidade, chegam novas atividades e compromissos na vida.

Infância, adolescência e vida adulta. Cada fase traz consigo seus próprios desafios. É claro que é sempre mais fácil permanecer em uma situação conhecida e confortável do que enfrentar os desafios do crescimento. Mas, como diz o escritor Hal Elrod, "O momento em que você aceita total responsabilidade por tudo em sua vida é o momento em que você reivindica o poder para mudar qualquer coisa em sua vida".[2]

Na vida natural, crescer é inegociável. Nenhuma árvore permanece sendo broto para sempre. Nenhum filhote de animais se recusa a alcançar sua fase adulta. Nosso próprio corpo não permanece na condição de bebê ou de criança. Os braços e pernas esticam, nasce a barba, a voz engrossa (o cabelo cai, a visão piora, mas isso é outro assunto). O comportamento, os valores e até os interesses de um homem devem acompanhar sua caminhada para a maturidade.

Mas, como você bem sabe, há homens presos à infância ou à adolescência. São barbados, mas não são maduros. Sofrem de outra síndrome, a do Peter Pan. Você se lembra desse personagem? Peter Pan é um menino mágico que se recusa a crescer porque teme perder a liberdade e a alegria da infância. Por causa de seu desejo de escapar das responsabilidades do mundo real e de viver eternamente em aventuras sem fim, é levado para a Terra do Nunca pela sua amiga, a fada Sininho. Lá, Peter Pan nunca cresce e vive sempre como menino.

Embora não seja um transtorno psicológico, a síndrome do Peter Pan é um conceito usado na psicologia para descrever homens que, apesar de sua idade cronológica, resistem em adotar as responsabilidades e comportamentos e o amadurecimento emocional apropriados à vida adulta. Algumas características dessa síndrome são:

---

[2] ELROD, Hal. *O milagre da manhã*, p. 114.

- *Evasão de responsabilidade:* evitam compromissos em longo prazo e tarefas mais sérias.
- *Falta de autonomia:* sempre precisam de alguém para fazer algo com ou por eles.
- *Busca por prazer imediato:* querem gratificação instantânea, como jogos, festas e redes sociais.
- *Dificuldade em relacionamentos verdadeiros:* têm medo de se machucar e, por isso, evitam se entregar em relações duradouras.

Se você identifica algo assim em seu comportamento, seguem algumas atitudes práticas que podem ajudá-lo a encarar a verdade de que você cresceu e precisa agir como tal:

- Procure atividades que você possa liderar, em casa, na igreja, ou no trabalho.
- Defina metas. Registre-as por escrito e trabalhe para alcançá-las. Comece com pequenos desafios e aumente à medida que alcançar resultados.
- Procure um mentor, alguém que já venceu nas áreas em que você deseja crescer. Caminhar com um homem vencedor pode inspirá-lo a amadurecer.
- Faça terapia. O cuidado clínico é crucial para desenvolver de resiliência, e tratar questões mais profundas que o mantêm preso ao sofá.

Síndrome de Houdini

Em referência ao lendário escapista húngaro que foi sucesso no século 19, a síndrome de Houdini nada mais é do que escapismo. Talvez você nunca tenha ouvido falar, mas com certeza sabe o que é.

Quem nunca se pegou rolando o feed das redes sociais ou assistindo a vídeos aleatórios apenas para fugir de uma obrigação ou adiar aquilo que inevitavelmente será necessário enfrentar um dia? Isso é escapismo: uma fuga do "mundo real". É quando evitamos alguma situação ou pessoa, escondendo-nos em coisas que não nos confrontam: maratonas de séries, videogames, livros, academia, redes sociais. Diversas atividades, que não têm nada de mau em si mesmas, podem se tornar válvulas de escape para quem deseja fugir do que realmente importa. O escapismo pode causar problemas como procrastinação, medo de tomar decisões, ansiedade e preocupação excessiva.

Para crescer, é preciso parar de fugir e enfrentar nossos desafios. Nosso sucesso não está na zona de conforto, mas em nos levantarmos e fazermos aquilo que não gostaríamos de fazer. Em todas as áreas da vida, o desafio, mesmo que desagradável e indesejável, é necessário para nos levar ao próximo nível.

Síndrome do impostor

Muitos homens convivem diariamente com uma voz dizendo que não são bons o suficiente. Não é a voz da esposa, nem dos filhos, nem do patrão, nem dos pais, muito menos a voz de Deus. É a voz do "impostor", uma sensação de que não somos dignos de reconhecimento pelo que realizamos.

Quem sofre dessa síndrome vive com medo constante de ser descoberto como uma fraude. É vítima constante de autossabotagem, sendo incapaz de celebrar seus próprios sucessos. Com isso, evita fazer escolhas que lhe darão crescimento — aceitar uma promoção, fazer uma especialização, assumir um cargo ministerial — com medo de se destacar, pois acha que não dará conta. Ou pior: acha que todos reconhecerão que ela não é "nada daquilo".

Isso lhe soa familiar? Avalie se alguns desses comportamentos fazem parte de sua vida:

- Dificuldade em aceitar elogios e tendência a minimizar suas conquistas.
- Sentimentos persistentes de inadequação, mesmo diante de evidências claras de sucesso.
- Medo constante de ser descoberto como fraude.
- Comparação constante com os outros e sensação de que todos são mais competentes ou talentosos.
- Atitudes de autossabotagem, como evitar desafios ou procrastinar para não correr o risco de falhar.
- Dificuldade em internalizar o reconhecimento e em sentir-se merecedor de suas realizações.[3]

---

[3] Extraído de MARINHO, Márcia. *A mulher que eu quero ser*, p. 88.

Enquanto a síndrome do impostor aprisiona, desvaloriza e faz com que o homem se coloque para baixo, a Bíblia afirma exatamente o contrário. Ela afirma que nossa capacidade não vem de nós, mas de Deus (1Coríntios 4:7). Também afirma que qualquer realização nossa só é possível por causa de Jesus (João 15:5). Assim, não há motivo para ser "descoberto" como fraude. Todos nós, nas palavras do apóstolo Paulo, somos vasos de barro carregando um tesouro incomparável (2Coríntios 4:7). Ninguém tem motivo para considerar superior ou inferior aos outros. Todas as pessoas que você admira são vasos de barro como você.

Quem vive a síndrome do impostor permanece preso, o que o impede de assumir desafios, o joga à procrastinação e o leva a subestimar as habilidades que Deus lhe concedeu. Dê um basta às mentiras que o rebaixam. Saia da prisão que o leva a não reconhecermos seu valor. Deus tem para você uma vida em plenitude (João 10:10).

O chamado à maturidade

Como vimos, é impossível deixar de crescer. Tudo o que caminha na direção contrária ao crescimento é antinatural e pode até ser patológico. Não fomos criados para vivermos presos em síndromes, medos ou fugas. Fomos criados para sermos homens maduros, líderes fortes, espelhos da graça e da verdade de Deus neste mundo.

> Fomos criados para sermos homens maduros, líderes fortes, espelhos da graça e da verdade de Deus neste mundo.

A Bíblia é clara: o objetivo da nossa jornada é a maturidade, a plena estatura de Cristo. Como está escrito em Efésios 4:13: "Até que todos alcancemos a unidade da fé e do conhecimento do Filho de Deus, e cheguemos à maturidade, atingindo a medida da plenitude de Cristo". Não se trata de perfeição, mas de progresso. Cada decisão corajosa de enfrentar medos, assumir responsabilidades e abandonar comportamentos imaturos é um passo rumo ao propósito que Deus desenhou. A Palavra ainda nos exorta em 1Coríntios 13:11: "Quando eu era menino, falava como menino, pensava como menino e raciocinava como menino. Quando me tornei homem, deixei para trás as coisas de menino". Agora é o tempo de deixar para trás tudo o que nos prende à imaturidade. É hora de abraçar a jornada do crescimento, confiando que aquele que nos chamou também nos capacita. Crescer em Cristo é, fundamentalmente, aprender a optar, todos os dias, pelo caminho que reflete o caráter de Deus. No próximo capítulo, veremos como a santidade torna essa escolha constante, moldando cada decisão e nos conduzindo à plenitude da vida que fomos chamados a viver.

Oração de força e legado

Senhor, liberta-me de toda mentalidade que me mantém preso à imaturidade. Ajuda-me a romper com o comodismo, com as desculpas e com o medo de crescer. Que eu assuma a responsabilidade pela minha casa, meus relacionamentos e minha fé. Não quero mais terceirizar culpas nem fugir das minhas funções. Quero crescer como homem, refletir o caráter de Cristo e deixar um legado de maturidade e firmeza. Tira de mim as síndromes que me paralisam e forma em mim o coração de um verdadeiro líder. Amém.

Homem de reflexão

1. Há comportamentos infantis que ainda estão presentes em minha vida?
2. Tenho terceirizado responsabilidades, como Adão fez?
3. Em que áreas da minha vida tenho demonstrado a síndrome de Peter Pan?
4. Tenho usado válvulas de escape para fugir dos desafios que Deus me chamou para enfrentar?
5. De que maneira a síndrome do impostor tem afetado meu crescimento?
6. Estou disposto a deixar para trás as atitudes de menino para abraçar a maturidade de Cristo?
7. Que mudanças práticas posso fazer hoje para ser o líder que Deus espera que eu seja?

BIOGRAFIA DE FORÇA E LEGADO

José do Egito

Força para resistir, legado que transforma gerações

A história de José, filho de Jacó, é um retrato vívido de força interior e fidelidade em meio à adversidade. Ainda jovem, foi traído pelos próprios irmãos e vendido como escravo. Longe de sua casa e injustamente preso no Egito, José poderia ter sido definido por seus traumas — mas escolheu ser guiado por sua confiança em Deus.

A força de José não estava em retaliar ou endurecer o coração, mas em manter a integridade. Em cada etapa — como servo, prisioneiro ou governador — ele permaneceu fiel. Resistiu à sedução, à injustiça e ao esquecimento. Suportou o anonimato até o momento em que Deus o colocou no centro da história da salvação.

José deixou um legado não apenas administrativo, salvando nações da fome, mas espiritual: ele perdoou quem o havia destruído, chorando com os irmãos que o traíram. Em vez de vingança, entregou reconciliação. Em vez de orgulho, humildade. Sua vida ecoa a verdade de que um homem forte, segundo Deus, é aquele que prefere restaurar a destruir.

Seu testemunho atravessou gerações, sendo lembrado como o instrumento de preservação da linhagem de Israel. José ensina que o legado de um homem começa quando ele entende que seu sofrimento pode se tornar salvação para outros — se colocado nas mãos do Senhor.

◆ CAPÍTULO 5 ◆

SANTIDADE: A ESCOLHA DIÁRIA NAS BIFURCAÇÕES DA VIDA

A OBEDIÊNCIA E A SUBMISSÃO a Deus são características centrais de um homem santo. Ele reconhece a autoridade de Deus sobre sua vida e busca obedecer aos seus mandamentos, mesmo quando isso signifique sacrificar os próprios desejos e vontades. Saiba que quando deixamos nossas vontades superarem nosso propósito, nós nos afastamos de Deus. Ter uma vida de santidade é uma jornada para sermos mais parecidos com Jesus, um caminho que todos nós precisamos percorrer diariamente. Porque, como diz a música, "Todo dia o pecado vem e me chama".[1] E precisamos escolher Deus.

> Quando deixamos nossas vontades superarem nosso propósito, nós nos afastamos de Deus.

Na estrada da vida, iremos nos deparar com bifurcações. Lembro-me da época em que não havia GPS para traçar o melhor caminho até nosso destino. Naqueles dias, me deparei com divisões de pista que me deixaram confuso. Esquerda ou direita? Uma escolha feita naquele ponto poderia me levar a quilômetros de distância do meu destino. Cada saída da bifurcação nos levará a um destino diferente, inclusive com desafios diferentes: mais buracos, mais curvas, áreas de grande perigo, desmoronamentos ou desfiladeiros. Certos

---

[1] ROBERTO, Thalles. *Eu escolho Deus*. Graça Music, 2015.

trajetos podem passar por zonas de alta criminalidade, enquanto outros podem ser estradas retas, com faixa dupla e bem sinalizadas, proporcionando uma viagem tranquila e até mais rápida.

A todo momento, na vida, precisaremos fazer escolhas que nos proporcionarão experiências distintas. Porém, se não sabemos qual é o destino, será difícil escolher o melhor caminho.

ESCOLHENDO O CAMINHO CERTO

A Bíblia nos ensina que fomos criados para Deus, para a glória dele, para pertencermos a Ele. Como escreveu o apóstolo Paulo, "Pois dele, por ele e para ele são todas as coisas" (Romanos 11:36). Sendo assim, nosso destino é Deus.

Mas como chegamos a Deus?

A Bíblia também nos informa quem é o Caminho: Jesus Cristo (João 14:6). Ninguém vai ao Pai se não for por Ele. Mas além de ser o Caminho, Jesus também se apresenta como Verdade e Vida. Essa ordem é importante. Primeiro, entendemos que devemos seguir Jesus, o único Caminho; depois, buscamos a Verdade, vivendo conforme sua Palavra; e, por fim, encontramos a Vida. Não chegamos à vida sem passar pela verdade e pelo caminho. E a vida que encontraremos em Cristo é uma vida de santidade.

> Primeiro, entendemos que devemos seguir Jesus, o único Caminho; depois, buscamos a Verdade, vivendo conforme sua Palavra; e, por fim, encontramos a Vida.

Ser santo não significa se "chato, careta, certinho, julgador, inconveniente, estraga-prazeres" etc. Santidade diz respeito a ser separado para Deus. Na Bíblia, lemos sobre santidade no livro de Levítico. Ali estão as instruções que os levitas, os homens descendentes da tribo e Levi, deveriam seguir, pois haviam sido "separados", ou seja, "santificados" para o ofício no tabernáculo. Mas o povo de Israel também era santo, não porque era melhor que os outros povos, nem porque era moralmente superior, mas porque, diz Deus: "eu, o Senhor, sou santo, e os separei dentre os povos para serem meus" (Levítico 20:26).

Isso não é coisa só do Antigo Testamento, o apóstolo Pedro escreve que "assim como é santo aquele que os chamou, sejam santos vocês também em tudo o que fizerem" (1Pedro 1:15). Como povo de Deus, que segue e imita Jesus, devemos ser santos em tudo que fizermos. Isso é crucial porque "sem santidade ninguém verá o Senhor" (Hebreus 12:14).

Assim, quando o pecado vier, se estivermos comprometidos com a santidade, não cairemos. O Espírito Santo nos alertará. Quanto mais cheios do Espírito estivermos, menos desejaremos aquilo que nos afasta de Deus.

Estar consciente do destino e do caminho nos torna mais atentos às armadilhas do inimigo. E se tem uma coisa que a vida me ensinou é que o inimigo não é criativo: ele usa as mesmas estratégias para tentar desviar os homens de seu chamado celestial. Mas, o que lhe falta de criatividade, lhe sobra de persistência. Satanás não descansa e está o tempo todo esperando um vacilo nosso para nos direcionar à saída errada, aquela que leva à perdição (cf. 1Pedro 5:8-9).

Deus não nos chamou para a impureza, mas para a santidade (1Tessalonicenses 4:7). E permanecer em santidade é uma busca diária. Para isso, precisamos fugir da aparência do mal e exercer autocontrole. Como escreveu Joe Rigney: "Controlar a si mesmo significa que eu digo aos meus olhos para onde olhar. Eu digo à minha mente o que pensar. Eu controlo o que aparece na tela da minha imaginação. Eu estou no controle dos meus membros porque estou andando pelo Espírito, e Ele está graciosamente restaurando o meu autocontrole".[2]

A TÉCNICA DOS 3 SEGUNDOS

Nenhum de nós está isento de ser tentado. O que devemos fazer é fugir da tentação. Para isso, costumo ensinar a técnica dos 3 segundos. Sempre que você se deparar com uma situação tentadora — aquele acostamento livre, enquanto a pista está toda parada no trânsito — você tem três segundos para repreender esse pensamento "em nome de Jesus" e se concentrar em outra coisa. Se acalentarmos o pensamento, em breve iremos pensar: "Não tem problema, é só um

---

[2] RIGNEY, Joe. *Mais que uma batalha*, p. 157.

pouquinho, todo mundo faz". O desejo se tornará incontrolável, e daí para o pecado é um passo.

O escritor Joe Rigney compartilha sua batalha pessoal pela santidade desta forma:

> Em períodos quando senti a atração da tentação sexual mais forte, algumas vezes antecipei e até acolhi pequenas tentações como essas a fim de ganhar uma vitória clara e decisiva na batalha. Ao dirigir na rua, sei que há um outdoor à frente que causa tentação. Eu antecipo a luta, entrego-a ao Senhor, peço a Ele para me conceder o domínio dos meus impulsos e membros e, finalmente, mantenho meus olhos fixados à frente. (Eu digo aos meus olhos para onde olhar; não são eles que me dizem para onde olhar.) Depois que a batalha é vencida, agradeço a Deus pela obra dele na minha vida. Meus olhos não são meus mestres. Deus está restaurando o meu autocontrole. Isso me impede de ficar preso no lamaçal da tentação e adotar uma atitude derrotista em relação à luta. A vitória, assim como a derrota, é contagiosa.[3]

A Bíblia diz que aquele que começou boa obra em nós irá completá-la (Filipenses 1:6). Portanto, contamos com a ajuda de Deus para seguirmos no caminho da santidade. Precisamos orar, ter tempo de comunhão com Ele, e desejar cada vez mais sua presença, para assim nos fortalecermos. Será necessário também nos purificarmos de tudo o que contamina nosso corpo e espírito (2Coríntios 7:1), desenvolvendo no lugar das práticas pecaminosas aquelas que farão de nós homens santos.

Abaixo, apresento cinco características — sabendo que existem muitas outras — para você avaliar quais delas são pontos que você precisa desenvolver.

1. O DNA da humildade

Não há maior exemplo de humildade do que Jesus Cristo, que desceu do trono para servir. Quando reconhecemos nossa fraqueza e dependência de Deus, e servimos aos outros com um coração humilde, ficamos mais próximos da vida de santidade. A Bíblia nos ensina que

---

[3] RIGNEY, *Mais que uma batalha*, p. 158.

os humildes são felizes, pois receberão a terra por herança (Mateus 5:5). Também ensina que precisamos ser completamente humildes, dóceis e pacientes, suportando uns aos outros em amor (Efésios 4:2).

2. O agir da misericórdia

Quando perguntaram a Jesus qual era o resumo da lei, Ele respondeu que devemos amar a Deus acima de todas as coisas, e amar ao próximo como a nós mesmos (Mateus 22:37-39). Esses são os maiores mandamentos. Nisso, Jesus fala de compaixão e misericórdia ao próximo. Um homem santo ama a Deus acima de tudo e ao próximo como a si mesmo, buscando demonstrar compaixão, perdão e bondade em todas as situações.

3. O selo da pureza sexual

Um homem que busca a santidade valoriza a pureza em todas as áreas da vida. Ele respeita a si mesmo e aos outros, evitando a imoralidade sexual e buscando viver de acordo com os padrões de Deus para a sexualidade humana. O grande pregador Billy Graham estabeleceu em seu ministério um padrão que muitos pastores seguem até hoje: "Nunca fique sozinho com uma mulher". E hoje em dia, podemos estender o padrão a: "Nunca troque mensagens com uma mulher sem o conhecimento de sua esposa".

Paulo ensina: "Entre vocês não deve haver nem sequer menção de imoralidade sexual, nem de nenhuma espécie de impureza e de cobiça, pois essas coisas não são próprias para os santos" (Efésios 5:3).

4. A dupla da fé e da confiança

A fé e a confiança em Deus são fundamentais para uma vida de santidade. Um homem santo confia em Deus em todas as circunstâncias, mesmo quando enfrenta desafios e dificuldades, e busca viver de acordo com os princípios da Palavra de Deus. Isso tem a ver com obediência: se tenho fé e confiança, eu obedeço a Deus e sigo no caminho que Ele me mostra. No caminho da obediência encontramos a verdadeira felicidade.[4]

---

[4] WOLGEMUTH, Robert. *Mentiras que os homens acreditam e a verdade que os liberta*, p. 107.

5. O manto da generosidade

Um homem santo é coberto de generosidade e está sempre disposto a se doar. Ele aprendeu que é melhor dar do que receber (Atos 20:35) e faz disso um estilo de vida.

O Dr. Gary Smalley contou, certa vez, uma história sobre generosidade que me marcou profundamente. Ele tinha o costume de ir ao supermercado local e esperar que Deus lhe mostrasse alguém para abençoar. Quando via um comprador empurrando um carrinho que parecia estar além de sua capacidade de pagamento, Gary ia discretamente até o caixa. Sem que a pessoa notasse, ele entregava seu cartão de crédito à funcionária e pedia para que, ao chegar a vez daquela pessoa, ela passasse o cartão e dissesse que a conta havia sido paga por alguém que não queria se identificar, mas que lhe havia pedido para dizer: "Deus ama você".

Assim como o Dr. Gary, precisamos refletir o caráter de Jesus aonde formos. A santidade é aquele "quê a mais" que demonstra a diferença que Cristo faz em nossas vidas — e, com isso, as pessoas desejarão viver aquilo que estamos vivendo. Por mais desafiadora que seja uma vida santa, é ela que dará um testemunho poderoso àqueles que estão ao nosso redor.

Ao longo desta primeira parte, refletimos sobre identidade, chamado e o desafio diário de crescer rumo à maturidade e à semelhança de Cristo. Agora, iniciaremos uma nova etapa da nossa jornada: enfrentando as pressões do mundo e mantendo a integridade diante de desafios reais. O ambiente à nossa volta tentará nos moldar à imagem dele, mas somos chamados a uma postura diferente. No próximo capítulo, veremos o contraste entre o "macho do mundo" e o verdadeiro homem de Deus — e como podemos viver a diferença.

Oração de força e legado

Pai santo, ajuda-me a escolher o caminho da santidade todos os dias, mesmo quando a tentação for forte ou o pecado parecer atraente. Que o teu Espírito me fortaleça para andar no teu caminho, guardando meus olhos, meus pensamentos e meus passos. Ensina-me a ser um homem separado para ti, cheio de pureza, misericórdia e domínio próprio. Que minha vida seja um reflexo do teu caráter e um testemunho da tua graça. Que a minha santidade inspire outros a também te seguirem com integridade. Em nome de Jesus, amém.

Homem de reflexão

1. Como tenho escolhido o caminho da santidade em minhas decisões diárias?
2. Estou atento às pequenas tentações que podem me afastar de Deus?
3. De que maneira a falta de santidade tem afetado meu relacionamento com Deus e com os outros?
4. Quais áreas da minha vida precisam ser purificadas pelo Espírito Santo?
5. Tenho buscado ajuda prática (como a técnica dos 3 segundos) para vencer a tentação?
6. Como posso cultivar a humildade, a misericórdia e a generosidade em minha vida?
7. O que preciso fazer para que a santidade se torne uma marca visível no meu legado?

Biografia de força e legado

Jó

Força na perseverança dolorosa, legado de fé inabalável

Jó brilhou em meio à noite mais escura da existência humana. Em um curto espaço de tempo, ele perdeu seus bens, seus filhos, sua saúde e a compreensão dos amigos — mas não perdeu sua fé. Sua força não se expressava em feitos exteriores, mas na perseverança interior de quem se recusa a abandonar a Deus, mesmo quando tudo desaba.

Enquanto muitos definem a masculinidade pelo sucesso ou pela conquista, Jó mostra que o verdadeiro homem de Deus é aquele que permanece de pé quando tudo o que dava sentido à vida é tirado. Entre perguntas sem resposta e dores sem consolo, Jó manteve seu coração voltado para o Criador, ensinando-nos que a maior força está em confiar quando não há explicação e adorar quando não há alívio.

A masculinidade bíblica que Jó representa é humilde, reverente e marcada pela esperança contra toda esperança. Seu testemunho não é apenas o de quem sofreu, mas de quem santificou a dor, recusando-se a romper sua integridade.

O legado de Jó é um farol para gerações que enfrentam perdas, injustiças e silêncios de Deus. Ele nos lembra que, embora a vida possa ruir, a fé perseverante ergue pontes invisíveis até o trono da graça — e que aqueles que se agarram a Deus no sofrimento deixam marcas eternas no mundo e no céu.

• FASE 2 •

SUPERANDO AS PRESSÕES DO MUNDO: A JORNADA DA VIDA TRANSFORMADA

CAPÍTULO 6

O MACHO DO MUNDO, O HOMEM DE DEUS

TIVE A OPORTUNIDADE DE PASSAR minha infância com a minha bisavó. O nome dela era Apolônia, mas, em casa, todos a chamavam carinhosamente de "mãezinha". Uma nordestina batalhadora, que lavava roupa para sustentar filhos e netos — mesmo depois dos 60 anos de idade e já sem o marido como ponto de apoio — ela foi um exemplo de vida e uma grande vencedora.

Era uma mulher vaidosa. Lembro que, aos domingos, quando íamos visitá-la, ela não saía do quarto antes de estar maquiada. Queria sempre estar linda. Tinha uma mania de me chamar para me sentar no colo dela — algo que, com o passar dos anos, ficou bem difícil, porque eu estava bem maior do que ela. Ainda assim, ela não abria mão desse carinho. Várias vezes eu ficava literalmente pendurado, com medo de machucá-la com o meu peso.

Tenho memórias afetivas profundas das coisas que vivi na casa da minha bisavó, experiências que marcaram quem sou hoje. Uma delas, repetida muitas vezes, ficou gravada no meu coração. Não só me lembro com clareza, como também ensino em muitos lugares por onde passo, e, claro, repito para os meus filhos. Talvez seja algo que sua avó também tenha lhe dito: "Você não é todo mundo!".

É comum que as pessoas façam as coisas simplesmente porque "todo mundo está fazendo". Saber que "você não é todo mundo" nos retira do piloto automático e nos faz nos perguntarmos: "Ok, e o que eu devo fazer então?".

Entre nós, homens, isso é especialmente desafiador na juventude. No radar de todo menino, mais cedo ou mais tarde, aparecem "oportunidades" de "virar homem". Algumas propostas vêm dos amigos: bebida alcoólica, cigarros, drogas, saídas para lugares que nossos pais nem imaginavam. Uma demonstração de força bruta, por meio da depredação, destruição ou, pior, causando danos a uma pessoa. São convites feitos pelos garotos "mais legais", que querem lhe dar a "oportunidade" de serem legais como eles. Às vezes, pode vir de dentro da própria casa. Eu tinha um tio que, nos almoços de domingo, costumava me dizer: "Deixa você fazer quinze anos que eu vou te levar num prostíbulo, e você vai virar homem".

Essas são referências completamente equivocadas de masculinidade. Amigos e até parentes vão tentar passar a ideia de que, se você não fizer essas coisas, então você não é homem de verdade. Como se a masculinidade fosse definida por se envolver com o que é ilícito, violento ou inapropriado naquele momento e naquele contexto.

A verdadeira masculinidade não se revela em sexualidade aflorada, em abuso de álcool, em atos de rebeldia nem em demonstração de força física. Ser homem de verdade é algo que estamos buscando construir nesta jornada, e não tem nada a ver com ter tido ou não a primeira relação sexual em um prostíbulo. Ser homem de verdade é sobre deixar para trás a vida de menino (mesmo dos meninos "legais") e construir um legado.

Precisamos nos libertar dessas crenças e influências que herdamos de uma sociedade machista, que vê homem como um consumidor e a mulher como um produto. Só assim poderemos compreender e viver o projeto de Deus: uma sexualidade pura e santa, que deve acontecer dentro do casamento — onde os dois se tornam uma só carne: "Por essa razão, o homem deixará pai e mãe e se unirá à sua mulher, e eles se tornarão uma só carne" (Gênesis 2:24). Apenas assim poderemos influenciar os meninos da próxima geração a serem "homens de verdade".

MACHOS TÓXICOS

Eu nasci no Nordeste e na minha região é comum — principalmente nas cidades mais distantes, do interior — que os homens sejam mais brutos, com posturas rígidas e, por vezes, ríspidos. A figura do homem gentil, meigo e carinhoso, em certos locais, pode ser confundida com "não ser homem de verdade". Muitos acabam forçando uma postura machista, o que é bem diferente de ser homem.

Historicamente, a força física, concedida de forma natural aos homens, acabou sendo usada de maneira distorcida para justificar práticas de dominação. Em vez de utilizar essa força para proteger, amparar e servir, muitos a transformaram em instrumento de opressão. Essa inversão de propósito ajudou a consolidar a mentalidade machista, fazendo com que a masculinidade fosse associada ao domínio e não à responsabilidade e ao cuidado.

Podemos definir machismo como "a opinião ou atitude que discrimina ou recusa a ideia de igualdade de direitos entre homens e mulheres". É o homem dominando socialmente a mulher, privando-a de seus direitos humanos. Na prática, uma pessoa machista acredita que os homens têm papéis superiores aos das mulheres e que, por isso, ele vale mais. Achar que o homem é superior, que a mulher existe para servi-lo, fazer comentários e piadas sarcásticas ou preconceituosas — por mais inocentes que pareçam — faz o homem perder sua verdadeira essência e o propósito para o qual foi criado.

Isso é bem diferente de ser homem. Ser homem é agir de acordo com os propósitos que Deus estabeleceu para o sexo masculino, ilustrados todos em Jesus Cristo: atitude servil, disposição para o autossacrifício, iniciativa em proteger e liderar os que foram colocados sob seus cuidados, criação de um legado, entre outras coisas. É a Bíblia, e não a cultura, que define o que é ser macho. As tentativas culturais de estabelecer o que é ser homem, como vimos, criaram o macho que temos hoje.

Atualmente, a sociedade está mais consciente em relação a atitudes machistas e o peso que elas impõem às mulheres tanto na esfera pública como dentro de casa, ou até mesmo na igreja. Mesmo assim, ainda existem resquícios de machismo interiorizados em muitos homens. Alguns estudiosos já falam de um "micromachismo", que é quando o homem não assume sua misoginia, mas continua a manter atitudes que desprezam o verdadeiro valor da mulher. Não importa o "tamanho", se macro ou micro: essas atitudes nos afastam daquilo que Deus nos chamou para ser.

Faça um teste. Se você já teve qualquer uma das atitudes abaixo, ou fez algo semelhante, o machismo ainda é algo que precisa ser removido do seu coração:

- Colocou seu prazer sexual à frente do da sua esposa.
- Disse que "ajuda" nas tarefas do lar, como se a responsabilidade de cuidar da sua casa fosse só da esposa (ou da filha, ou da mãe).
- Fez comentários do tipo "Essa é uma mulher forte", como se as mulheres fossem, por padrão, fracas.
- Permitiu que seu filho ficasse na rua até de madrugada, mas exigiu que sua filha voltasse cedo. E ainda deu a desculpa dizendo que é "porque é perigoso mulher ficar na rua até tarde".
- Perguntou a uma mulher como ela concilia a vida profissional com a familiar — algo que jamais perguntaria a um homem.

Além do machismo, tem-se falado atualmente sobre a "masculinidade tóxica". Podemos defini-la como uma série de comportamentos que perpetua normas prejudiciais sobre o que realmente significa "ser homem". A ideia de agressividade, virilidade, dominação, força, repressão emocional e desvalorização de tudo que parece "feminino" é o que a sociedade chama de masculinidade tóxica.

Para vencermos as pressões do mundo e não ficarmos presos a esse padrão, é necessário aceitar nossa humanidade. Entender que há coisas comuns a homens e mulheres. Ter autocuidado, expressar as emoções, gostar de cuidar da saúde e da aparência: tudo isso é permitido a nós, e não diminui em nada a nossa masculinidade.

Jesus foi exemplo de compaixão, serviço e amor — o homem perfeito e o oposto da masculinidade tóxica. Eu escolho ser mais parecido com Jesus. Eu me recuso a me submeter às pressões de uma cultura machista que tenta ditar o que é ser homem. Dar a nossos filhos e à próxima geração um exemplo de homem que se espelha em Jesus é, sem dúvida, nosso maior legado.

ANDANDO RETO EM UM MUNDO TORTO

Um dos grandes desafios na construção de um legado de valor é se manter firme em seus propósitos, agindo com ética e decência em tudo. Nosso chamado não é apenas ser cristão na igreja — essa parte é a mais fácil. O desafio real é agir como Jesus quando estamos fora da igreja, enfrentando os obstáculos do dia a dia. E ser como Jesus não é nada simples. A Bíblia afirma que "Ele não cometeu pecado algum, e nenhum engano foi encontrado na sua boca" (1Pedro 2:22).

Sei que a régua é alta, mas nosso referencial tem de ser Cristo — afinal, somos *cristãos*. Nossa referência não é o colega do trabalho que sempre dá um jeitinho para burlar as regras da empresa. Não é aquele primo que anda com o carro cheio de irregularidades, e se tornou conhecido por subornar guardas de trânsito. Esses não são modelos de vida. Somos chamados a agir com transparência e honestidade nas menores coisas.

Gosto de uma história que já compartilhei outras vezes. Conta-se de um pai que, querendo proporcionar um dia especial aos filhos, levou-os ao circo. Na bilheteria, perguntou o valor do ingresso. O caixa respondeu:

— R$ 50,00 para adultos e R$ 30,00 para crianças de 7 a 14 anos. Crianças menores de 6 anos não pagam. Quantos anos eles têm?

— O menor tem 3 anos, e o maior, 7.

Com um sorriso maroto, o rapaz do caixa falou:

— Se você tivesse dito que o mais velho tem 6 anos, eu nem perceberia, e você economizaria R$ 30,00.

— É verdade — respondeu o pai — pode ser que você não percebesse. Mas meus filhos saberiam que eu menti para obter uma vantagem. Assim, não se lembrariam dessa tarde como o dia que fomos ao circo, mas como o dia que eu menti para tirar vantagem. A verdade não tem preço. Hoje, desembolso R$ 30,00, mas ganho a certeza de que meus filhos saberão a importância de sempre dizer a verdade!

O caixa permaneceu em silêncio, e aprendeu uma lição que vale muito mais do que os R$ 30,00.

A cada dia, muitas pessoas se aproveitam do chamado "jeitinho brasileiro" — aquela atitude que, infelizmente, todo brasileiro conhece: que as leis "não precisam ser seguidas à risca". "Sempre há uma alternativa". Ensinamos uns aos outros a "fazer e depois perguntar", a contorna regras e normas para obter vantagem. Talvez não pensemos que isso se volte contra nós, com um número maior de leis, de multas e de fiscalizações para garantir que todo mundo ande na linha.

> Se atalho fosse bom, se chamaria caminho.

Costumo dizer aos meus filhos que, se atalho fosse bom, se chamaria caminho. Todas as conquistas da vida cobram um preço. Uma vida que vale a pena não vem por meio de atalhos, mas de seguir o caminho. A Bíblia nos ensina que é estreita a porta que leva à vida (Mateus 7:13-14).

Busque sempre a verdade. Fale a verdade. Viva a verdade. Jesus é a Verdade (João 14:6). Se você o segue, esqueça uma vida de subterfúgios. Quer no trabalho, quer no ambiente familiar, quer com os amigos, seja um exemplo de retidão nesse mundo torto e exale Jesus aonde você for.

COMUM X NORMAL

Minha bisavó não tinha estudo formal e mal sabia escrever. Nunca leu a Bíblia, nunca fez um curso, nem sei se chegou a ler um livro na vida. Apesar disso, me ensinou uma verdade salvadora. Ela provavelmente dizia isso porque, aos olhos carinhosos dela, eu era especial. Mas sua declaração é verdadeira porque, mesmo espiritualmente, não sou todo mundo. Você e eu fomos salvos desse mundo e não devemos nos conformar aos valores vigentes. Em vez disso, devemos fazer a diferença agindo diferente. Essa é nossa missão. Como está escrito: "Se vocês pertencessem ao mundo, ele os amaria como se fossem dele. Todavia, vocês não são do mundo, mas eu os escolhi, tirando-os do mundo; por isso o mundo os odeia" (João 15:19).

Precisamos, então, ter cuidado com os modismos e com a ideia de que, só porque algo é comum, a gente deve fazer também. É importante entender que nem tudo o que é comum dentro de um grupo é, de fato, certo ou apropriado. Paulo nos ensina que "Tudo me é permitido, mas nem tudo convém" (1Coríntios 6:12).

Você poderia, por exemplo, encontrar uma aldeia em que o canibalismo seja um hábito. As pessoas nasceram ali, praticam esse costume como parte da sua realidade diária. Se você tivesse nascido nessa comunidade, certamente acreditaria que esse comportamento é aceitável. Mais do que isso: que ele é o comum, e que quem não age assim é que é estranho. No entanto, sendo alguém que não está habituado a essa prática, certamente se chocaria ao saber que, em determinado lugar do mundo, pessoas se alimentam de carne humana. Sentiria nojo, repulsa e, sem dúvida alguma, não aceitaria nem experimentar. Pois não seria apenas anormal, mas criminoso.

Só porque algo é comum, não significa que seja *normal*, ou seja, a "norma". Para alguém que não conhece a Cristo, trair o cônjuge pode ser comum, mas não significa que seja normal. Em algumas regiões do mundo, o uso de drogas foi liberado, e é comum pessoas se drogarem em locais públicos. Mas não me parece normal colocar em nosso corpo algo que vicia, destrói e pode matar.

Em 2024, tive a oportunidade de fazer uma palestra em Lugano, na Suíça. Lá, me deparei com práticas que, embora legalizadas, continuam a ser profundamente inquietantes. Uma delas é o suicídio assistido. Em muitos países europeus — como Suíça, Holanda e Suécia — o tema é amplamente debatido, e algumas nações já estabeleceram diretrizes oficiais. Segundo o Conselho Nacional Sueco de Ética Médica, por exemplo, o suicídio assistido é definido como "procedimento realizado segundo um pedido explícito do paciente, cuja intenção é levar à sua morte". Na prática, isso significa que uma pessoa pode contratar o serviço de uma clínica para agendar a própria morte. Leva os familiares, faz sua última refeição, despede-se — e parte.

Durante nossa estadia em Lugano, o pastor local recebeu uma ligação desesperada de uma mãe. Seu filho, de 29 anos, havia marcado seu suicídio para o mês seguinte. Ela não sabia o que fazer e pediu ajuda. Esse caso mostra que, embora clínicas e até leis tratem essa escolha como algo comum, ela nunca será normal.

Deus nos chama a não nos conformarmos aos padrões do mundo, ainda que esse estilo de vida pareça comum. Policie-se. Não faça algo só porque todo mundo faz. Seja um agente de mudança onde você estiver.

A SÍNDROME DO CHAVES

Ministrando em igrejas, dando palestras em empresas e também em mentorias individuais, tenho me deparado cada vez mais com homens sofrendo da síndrome do Chaves.

Talvez você conheça o personagem Chaves. Ele marcou minha infância com seus episódios sendo repetidos à exaustão no SBT. Mas se não conhece, aí vai um resumo: o Chaves, interpretado pelo ator mexicano Roberto Gómez Bolaños, era um menino pobre que vivia dentro de um barril, à entrada de uma vila de pessoas humildes. A cada episódio, Chaves e seus amigos — Quico e Chiquinha — aprontavam alguma coisa na vila, virando de cabeça para baixo a rotina dos moradores.

Muitas vezes, Chaves e seus amigos dedicavam sua energia em aplicar pegadinhas ou inventar peripécias que nem sempre ficavam sob controle. E como era muito desastrado, não demorava muito para que o Chaves quebrasse algo, esbarrasse em alguém ou até machucasse outra pessoa. Nessas ocasiões, proferia seu famoso bordão: "Foi sem querer querendo!".

Eu mesmo já repeti essa frase algumas vezes na vida. Errei e tentei relativizar, diminuir minha culpa e fugir da responsabilidade. A frase meio que me aliviava: sim, eu fiz algo errado — mas "não foi querendo".

A Bíblia ensina diferente. Ela diz: "Seja o seu 'sim', 'sim', e o seu 'não', 'não'; o que passar disso vem do maligno" (Mateus 5:37). Deus atua na luz, de forma bem definida. Tudo está às claras: se erramos, devemos assumir e pedir perdão. Devemos reparar o dano causado. O Diabo, por outro lado, opera no escuro, na confusão, na desordem. Ele nos envolve em incertezas, tentando nos afastar de uma postura firme e clara. Se você errou, não foi bem culpa sua. Todo mundo erra. Todo mundo faz aquilo... e por aí vai. Relativizamos o que é inaceitável, normalizamos o que é comum em certos contextos — até o ponto em que já não sabemos mais o que é certo e o que é errado.

Quando relativizamos nossas falhas, corremos o risco de comprometermos os alicerces mais profundos da nossa vida espiritual e moral. Para construirmos uma trajetória sólida diante de Deus e dos homens, precisamos resgatar um valor essencial: a integridade. No próximo capítulo, vamos refletir sobre como a verdade deve ser um princípio inegociável em nossas palavras, decisões e atitudes — e como ela molda o caráter do verdadeiro homem de Deus.

O MACHO DO MUNDO, O HOMEM DE DEUS

ORAÇÃO DE FORÇA E LEGADO

Senhor, livra-me dos padrões distorcidos que o mundo impõe sobre o que é ser homem. Não quero ser moldado pela cultura do machismo ou da brutalidade, mas transformado à imagem de Cristo. Ensina-me a viver com honra, respeito, pureza e responsabilidade. Dá-me coragem para romper com os modelos tóxicos de masculinidade e refletir, em cada atitude, o teu amor e a tua verdade. Que o meu exemplo influencie outros homens a também seguirem teu caminho. Em nome de Jesus, amém.

HOMEM DE REFLEXÃO

1. Em que momentos permiti que padrões mundanos definissem minha masculinidade?
2. O que significa, na prática, ser um homem de Deus em minha geração?
3. Tenho ensinado aos mais jovens um modelo de masculinidade saudável e bíblico?
4. De que forma ainda carrego resquícios de machismo ou masculinidade tóxica?
5. Como Jesus redefine minha visão sobre força, liderança e respeito?
6. Em que área da minha vida preciso refletir mais o caráter de Cristo como homem?
7. Estou disposto a romper com o que o mundo diz ser "ser homem" para viver o que Deus planejou?

BIOGRAFIA DE FORÇA E LEGADO

Moisés

Força que se forja na dependência, legado que se firma na obediência

Moisés é uma das figuras mais emblemáticas das Escrituras quando se trata de liderança, coragem e fé. Sua vida nos ensina que a verdadeira força não nasce da autoconfiança, mas da consciência de nossa fraqueza e da entrega total a Deus.

Criado entre os nobres do Egito, Moisés parecia destinado ao poder humano. Mas seu chamado o levou ao deserto, ao silêncio e ao esquecimento, onde foi moldado por Deus durante quarenta anos antes de retornar como libertador do povo hebreu. Sua força não estava em seus braços, mas em sua comunhão com o Senhor — um homem que falava com Deus "face a face, como quem fala com seu amigo" (Êxodo 33:11).

O legado de Moisés não se resume aos milagres ou à travessia do mar, mas à formação de um povo, à entrega da Lei, e à condução fiel até as portas da Terra Prometida. Ele não viu a realização final da promessa, mas deixou tudo pronto para que outros entrassem nela. Isso é legado: preparar o caminho para que outros avancem mais do que nós mesmos.

Moisés nos mostra que a masculinidade bíblica não é marcada por dominação, mas por serviço. Não se mede pela imposição da vontade, mas pela submissão à vontade de Deus. Um homem forte, à luz da Bíblia, é aquele que lidera com humildade, luta com fé e deixa marcas que apontam para o Reino.

• CAPÍTULO 7 •

INTEGRIDADE: UM VALOR INEGOCIÁVEL

UM DOS HOMENS MAIS pesquisados, comentados e conhecidos nos Estados Unidos é, sem dúvida alguma, Abraham Lincoln, o 16º presidente norte-americano. Ele ficou famoso, entre outras coisas, por sua integridade e honestidade. Essas qualidades lhe renderam o apelido de "Honest Abe", "Abe honesto". Entre as muitas histórias contadas sobre ele — e algumas são meio que um "folclore" norte-americano —, há uma sobre a mercearia que ele tocava na cidade de New Salem. Lincoln, então um jovem comerciante, deu o troco errado a um cliente. Ao perceber o erro, caminhou vários quilômetros até encontrar o cliente e lhe devolver o valor correto. Esse gesto simples, mas honesto, evidenciou o caráter de Lincoln, que valorizava a integridade acima de qualquer ganho pessoal. Ele foi um daqueles homens cujo fio de bigode valia mais do que um papel assinado. Sua reputação estava ligada a manter o que havia dito.

Hoje em dia, provavelmente nenhum de nós compraria um imóvel ou um carro "no fio do bigode", por mais bem recomendado que o vendedor seja. Certamente faríamos um contrato e incluiríamos uma série de cláusulas para nos resguardar e evitar uma possível fraude. E, infelizmente, o que mais temos visto é uma legião de pessoas mal-intencionadas, golpistas profissionais e indivíduos que fazem de tudo para levar vantagem, como se "tirar algo de alguém" fosse um mérito. As facilidades de comunicação e pagamento, que agilizaram nossa vida, se tornaram um terreno fértil em que crescem os mais variados tipos de esquemas e golpes.

Isso acontece em um mundo que faz do dinheiro o seu senhor. Muitas pessoas, infelizmente, caem em golpes porque crescem os olhos em uma oportunidade absurda de dinheiro fácil. Outras se deixam enganar por um "negócio de outro mundo". Se todo mundo está vendendo a R$ 1.000,00, mas aparece alguém com uma "super oportunidade" e lhe oferece a mesma coisa a R$ 500,00, acredite: não é resposta de oração. É cilada. Precisamos tomar cuidado para não sermos enganados, sobretudo pelo nosso coração, que também "aprendeu" a sempre se dar bem financeiramente nessa sociedade.

Jesus nos orientou a ser "astutos como as serpentes e sem malícia como as pombas" porque viveríamos "como ovelhas entre lobos" (Mateus 10:16). Não podemos ser ingênuos e acreditar em tudo o que aparece nas redes sociais. Não podemos achar que somos mais espertos que todo mundo e iremos lucrar com uma oportunidade de negócio que ninguém viu antes. Não podemos ceder aos desejos do nosso coração. Como escreveu Tiago, "Cada um, porém, é tentado pelo seu próprio desejo, sendo por este arrastado e seduzido" (Tiago 1:14). Nossa inteligência, nossas forças, nossas conversas, nosso tempo na internet, entre outras coisas, não devem ser usados exclusivamente para buscarmos aquilo que pode nos dar lucro. O que dizer, então, de passar por cima de valores, princípios — e até de pessoas — para ter esse lucro?

Na economia do reino de Deus, ser íntegro gera mais lucro, e lucros eternos. Ninguém precisa sair perdendo para que a gente prospere. Mais do que isso: a nossa prosperidade não é só nossa, mas será maior à medida que a compartilharmos com outras pessoas. Mas estou me adiantando. Esse é um assunto para a última parte da nossa jornada.

O ponto é: mesmo em um mundo que valoriza a esperteza, o passar a perna e o lucro acima de tudo, devemos buscar, de maneira atenta e intencional, viver com integridade. Com ela, iremos conquistar respeito e confiança verdadeiros. Como diz o escritor Erwin McManus: "Ter coragem de viver uma vida de honra e integridade pode ser a maior batalha que você pode enfrentar." [1]

---

[1] McMANUS, Erwin Raphael. *A última*, p. 82.

O QUE É INTEGRIDADE?

A palavra "integridade" deriva do latim *integer*, que significa "inteiro", "completo", "intacto". Assim, *integridade* carrega a ideia de algo que não foi corrompido ou dividido, que se mantém firme em sua totalidade. Um alimento integral, por exemplo, é o que mantém todas as suas características originais. Do mesmo modo, uma pessoa íntegra é alguém que demonstra coerência entre o que pensa, fala e faz, que age com honestidade mesmo quando ninguém está olhando.

A integridade não diz respeito apenas a dizer a verdade, mas a viver de forma completa e fiel a princípios e valores, sem deixar que "oportunidades" ou pressões externas corrompam seu caráter.

Lemos, ainda na carta de Tiago, que a integridade é resultado de um processo de amadurecimento espiritual, e que ela não vem de graça, mas quando somos provados (Tiago 1:4). Ninguém é honesto de verdade se não precisa dar provas disso. Lincoln, na história do troco, se mostrou honesto porque teve ali a "oportunidade" — melhor dizendo, a tentação de ficar com o troco. A nossa integridade vai se revelar e se aperfeiçoar quando formos tentados a fazer o oposto.

A pessoa íntegra é, obviamente, o contrário da pessoa de mente dividida. O íntegro é alguém completo, que mantém os mesmos valores e princípios em qualquer situação. A pessoa de mente dividia fica oscilando: uma hora age assim, na outra, age assado. Quando é para ela lucrar, a regra é essa; quando o lucro é para o outro, a regra muda. Essa pessoa não é confiável. Tiago diz que, gente assim não receberá coisa alguma do Senhor (Tiago 1:7-8).

Um exemplo bíblico de integridade, que me empolga bastante, é José do Egito. Ele nunca abriu mão de seus valores, mesmo quando ninguém estava olhando. Na casa de Potifar, na prisão ou no palácio do Faraó, ele foi o mesmo José: confiável, responsável, aplicado e sábio. Tiago nos exorta a sermos íntegros e buscarmos sabedoria (Tiago 1:4-6). "O homem que observa atentamente a lei perfeita que traz a liberdade, e persevera na prática dessa lei, não esquecendo o que ouviu mas praticando-o, será feliz naquilo que fizer" (Tiago 1:25). José foi do poço ao palácio sem negociar seus valores. Por fim, prosperou de modo sublime e tornou-se um grande líder, realizando assim o chamado que cabe a todos os homens.

SEJA FUJÃO

Acredito que o momento em que a integridade de José foi mais colocada à prova e, por isso, mais se fortaleceu foi na situação em que ele foi tentado pela esposa de Potifar. Em vez de bancar o machão e "pegar" justamente a esposa do chefe, que estava ali se oferecendo para ele, José preferiu ser fiel a Deus e fugir tanto do pecado como da aparência do pecado.

Para os machos do mundo essa seria só mais uma transa. Para José, seria uma ofensa a seu patrão e a seu Deus. Tanto que ele diz: "Como poderia eu, então, cometer algo tão perverso e pecar contra Deus?" (Gênesis 39:9).

No olhar do mundo, a força está em se afirmar, em tomar o que se deseja sem limites. Mas, à luz da Bíblia, a verdadeira força é justamente dizer não. Fugir da tentação exige mais coragem e domínio próprio do que ceder a ela. José mostrou que ser forte, de verdade, é resistir àquilo que parece atraente, mas que afasta do propósito de Deus. Fugir, nesse caso, foi o ato mais heroico que ele poderia ter feito.

José era valente, controlado e responsável, mas quando o assunto era percado, ele era um "arregão". E precisamos ser fujões como ele.

> Quando o assunto é tentação, a melhor coisa a fazer é correr.

Quando o assunto é tentação, a melhor coisa a fazer é correr. É preferível ser um mole santo a um fortão pecador. "O pecado", diz o pastor Hernandes Dias Lopes, "é uma fraude: oferece prazer e paga com a escravidão; parece gostoso ao paladar, mas mata. Nada conspira mais contra a oração que o pecado"[2]. Não podemos esperar crescer espiritualmente e receber resposta a nossas orações se vivemos uma vida devassa.

Se queremos deixar um legado que realmente tenha valor, precisamos ser "fujões", quando o assunto for tentação. Devemos fugir dos desejos malignos e seguir "a justiça, a fé, o amor e a paz, com aqueles que, de coração puro, invocam ao Senhor" (2Timóteo 2:22). Esse verso nos diz que essa busca não precisa ser uma jornada solo, mas na companhia das pessoas certas: irmãos e irmãs de valor, que buscam os mesmos valores que nós. Logo mais, vamos conversar

---

[2] LOPES, Hernandes Dias. *Homens de oração*, p. 19.

COISAS INEGOCIÁVEIS

Ao longo da vida dos meus dois filhos, sempre tentei ser o mais direto possível em nossas conversas, ainda que fosse necessário adaptar o que eu diria à idade deles. Mas se teve algo que me ouviram dizer inúmeras vezes foi sobre as "coisas inegociáveis". Eles mudaram de estação, viveram novas descobertas — infância, adolescência, juventude —, mas as "coisas inegociáveis" nunca saíram de moda.

Ensino para eles aquilo que também vale para mim: ter princípios e respeitá-los. Jogar bola na chuva, para uma criança de 8 anos, pode não ser a melhor escolha, mas é possível. Não fere nenhum princípio. Por outro lado, mentir para ter vantagem não é permitido, pois fere princípios. Chegar em casa um pouco mais tarde depois do aniversário de um amigo pode ser conversado. Agora, furtar um chocolate de uma loja não é aceitável e precisa ser corrigido, porque fere o princípio da honestidade.

Sempre deixei claro que eles iriam errar e que eu também estava sujeito a errar assim como eles. Quando errassem, deviam vir até mim e pedir ajuda, e eu os ajudaria a sair do erro. Mas mentir, não. Porque mentir fere o princípio da honestidade. Eu ensinei e cobrei isso deles, dia após dia. Sinto que, muitas vezes, fui duro. Mas não me arrependo. Basta olhar para a Bíblia e ver o quanto Deus não passa a mão na cabeça de quem fere princípios. Ele perdoa, mas não isenta ninguém das consequências do pecado. O adultério de Davi talvez seja um exemplo clássico. Deus perdoou Davi? Com certeza. Mas Davi deixou de arcar com as consequências do seu pecado? Não. Ele enfrentou grandes problemas em sua vida após aquela situação em que feriu vários princípios.

> Deus não passa a mão na cabeça de quem fere princípios. Ele perdoa, mas não isenta ninguém das consequências do pecado.

Devemos procurar viver de acordo com os princípios-chaves de um caráter cristão. Deixo, a seguir, os dez princípios que considero os mais importantes para um homem que procura construir um legado duradouro.

PRINCÍPIO	DESCRIÇÃO	MEDITE EM...
1. Amor a Deus e ao próximo	Como você sabe, o amor a Deus e ao próximo é o resumo de toda a lei. Essa precisa ser a base da nossa vida. Se agirmos assim, seremos mais parecidos com Cristo e, naturalmente, mais íntegros.	Mateus 22:37-39; 1João 4:7-8.
2. Bondade	Ser bondoso é refletir o caráter de Deus, que é bom o tempo todo. Agir com bondade e viver na verdade significa tratar as pessoas com ética, honestidade e justiça, refletindo o coração de Deus em nossas ações.	João 8:32; Efésios 4:25; Provérbios 21:3; Miqueias 6:8.
3. Humildade	Quem age com humildade, dá a glória de sua vida a Deus. Reconhece suas limitações e trata os outros com respeito, sem soberba.	Filipenses 2:3-4; Tiago 4:6.
4. Fidelidade e lealdade	Um homem que trai a esposa fere um princípio de Deus. Um homem desleal com os amigos não é íntegro.	Provérbios 3:3-4; 1Coríntios 4:2.
5. Paciência, mansidão e autocontrole	Agir como Jesus é um caminho possível, mas reagir como ele, com paciência e mansidão diante daqueles que nos provocam, é um desafio que todo homem precisa buscar vencer.	Gálatas 5:22-23; Tito 2:11-12.
6. Perdão	Jesus ensina que devemos oferecer a outra face a quem nos agredir. Ele não ensina a revidar, mas a perdoar e seguir em frente. Esse é um princípio difícil, mas essencial para quem deseja ter um caráter cristão.	Mateus 6:14-15; Lucas 6:29; Colossenses 3:13.
7. Diligência	Tudo o que fizermos, deve ser feito com excelência, como se feito para Deus. Nosso trabalho, serviço e nossas responsabilidades devem ser executados com zelo e dedicação. O pastor Carlito Paes disse, certa vez, uma frase que me marcou: "A excelência honra os céus e abençoa as pessoas".	Colossenses 3:23-24; 2Tessalonicenses 3:10.

8. Sabedoria	Um homem íntegro busca o discernimento de Deus para tomar decisões. Isto é sabedoria: agir com base na Bíblia e buscar a orientação do Senhor para os desafios do dia a dia.	Provérbios 2:6; Tiago 1:5.
9. Força	Ser forte de verdade é mais do que demonstrar poder físico. É resistir ao pecado, suportar provações e manter o compromisso com a verdade, mesmo sob pressão. Um homem forte protege, serve e constrói.	Juízes 6:13-14; Romanos 15:1-2; 1Coríntios 1:25.
10. Temor a Deus	O temor do Senhor é o princípio da sabedoria. Um homem íntegro vive com reverência a Deus, em obediência aos seus mandamentos e honrando seu nome em tudo o que faz.	Provérbios 9:10; Eclesiastes 12:13.

O PODER DA COERÊNCIA

Um assunto que Márcia e eu tratamos em nosso livro *Quando a família corre perigo*, foi sobre a regra dos 3 Cs para criação dos filhos: Constância, Consequência e Coerência — esta última, tão importante.

A coerência na comunicação com os filhos é a mesma que devemos ter nos demais relacionamentos de nossa vida adulta. Ela diz, basicamente, que não posso agir de uma forma hoje e de outra amanhã. Que não posso dizer uma coisa e fazer outra.

Coerência vai além de palavras e atitudes: é quando meu corpo comunica o que meu discurso diz. É quando meu modo de vestir reflete meu estilo de vida. É também saber se posicionar corretamente e não tomar decisões que vão contrariar aquilo que sua fé professa. É evitar lugares e pessoas que estejam fora do seu propósito. Se sou coerente em minha vida, transmito segurança à minha família, aos meus amigos, aos meus colegas de trabalho e de ministério.

Um homem que se afirma cristão segue os princípios ensinados por Cristo e contidos na Bíblia. Ser coerente tem tudo a ver com viver de tal forma que esses princípios se revelem em seu ser, não importa onde você esteja.

E falando em lugar, saiba que apenas estar na posição errada — fora do lugar onde Deus o chamou para estar — pode colocar sua coerência em risco.

Considere o exemplo que dei anteriormente, do adultério de Davi. Ele era o rei e um grande guerreiro que, em vez de estar na linha de frente da batalha, atento à defesa do seu povo, resolveu ficar em casa, na varanda. Davi se desarmou física e emocionalmente. Foi ali que viu o que não deveria ter visto — e você conhece bem a história (2Samuel 11 e 12).

Quando as pessoas saem de sua posição, do lugar em que deveriam estar, as confusões começam. Por outro lado, quem se mantém coerente ao seu chamado está protegido. É o caso de Neemias, uma das histórias bíblicas que mais li e reli na vida. Neemias foi chamado para um propósito: reconstruir as muralhas e proteger seu povo.

Ele estava totalmente envolvido na obra para que foi chamado a realizar. Tão envolvido que começou a gerar medo entre seus inimigos. Então, o que eles fizeram? Tentaram confundir Neemias, tirando-o do foco.

Veja como ele respondeu: "Estou executando um grande projeto e não posso descer. Por que parar a obra para ir encontrar-me com vocês?" (Neemias 6:3). Neemias deixa claro que está ocupado com o projeto que Deus lhe deu. Ele está subindo, se aproximando do propósito. Por que iria descer?

Quando retrocedemos em nossa obra por causa de um obstáculo que o inimigo planta — uma recordação do passado, uma distração, uma sensação de culpa e impossibilidade, uma tentação — deixamos de ser coerentes. Saímos do posto que cabia a nós defender. Nossa mente se divide entre o que deveríamos estar fazendo e o novo assunto que o inimigo plantou na nossa frente. E como você bem se lembra, quem se divide não é íntegro.

Neemias, diferente de Davi, manteve-se coerente, fiel ao seu chamado, e continuou subindo. Davi, por sua vez, abandonou seu posto na batalha e ficou em casa, ocioso. Como escreveu o pastor Hernandes Dias Lopes: "Quem deixa de fazer alguma coisa proveitosa na vida, termina fazendo alguma coisa perigosa"[3].

Você precisa permanecer no lugar certo: o centro da vontade de Deus, o chamado que Ele tem para sua vida. Essa é uma blindagem

---

[3] LOPES, Hernandes Dias. *Pai, um homem de valor*, p. 65.

para se viver com integridade. Quando estamos abastecidos nele e por Ele, deixamos de desejar as migalhas que o mundo oferece — que até podem parecer atraentes, mas no fim são veneno disfarçado.

PALAVRA DE HOMEM — HOMEM DE PALAVRA

No início do capítulo, falamos sobre a época do "fio de bigode", em que bastava um homem empenhar sua palavra — isso já servia de garantia. Integridade tem a ver com manter nossa palavra. Isso não diz respeito a ser uma pessoa intransigente, que contraria todos os alertas e avisos apenas para fazer sua palavra permanecer. Nem tem a ver com ser inflexível, incapaz de dialogar e entender o outro lado. Ser alguém de palavra diz respeito, acima de tudo, a cumprir suas promessas e agir segundo o que você disse, mesmo que isso lhe cause algum prejuízo.

Tive vários momentos na vida em que me senti desconfortável por ter de fazer algo que, naquele momento, eu não queria. Já atravessei a cidade, enfrentando filas de trânsito para pegar meu filho em casa e levá-lo a um jogo de futebol em um estádio lotado, depois das 21 horas. Eu estava cansado, mas havia dado minha palavra. Fiz uma promessa e gerei uma expectativa no coração dele que cabia a mim satisfazer. Um deslize meu e teria demonstrado que ele não podia confiar no que eu havia prometido.

Precisamos ser homens de palavra e honrarmos o que dissemos que faríamos, seja em casa, nos negócios, na igreja, seja em qualquer outro lugar. A capacidade de cumprir o que dissemos revela mais sobre o nosso caráter do que as promessas que fazemos ou as recompensas que precisamos oferecer mais tarde por causa de uma palavra não cumprida.

Ser um homem de palavra não é ser perfeito, menos ainda, imutável. É, em vez disso, levar a sério seus compromissos. E isso começa nas pequenas atitudes do dia a dia. Aqui vão algumas dicas bem práticas — sem enrolação — para alinhar o discurso com a vida.

1. Pense antes de prometer

Antes de dizer "eu faço", "eu vou", "pode contar comigo", pare e pense: "eu posso mesmo cumprir isso?". Ser impulsivo nas palavras pode parecer coisa boba, mas tem muito homem que promete no entusiasmo e depois quebra a confiança. Palavra não é moeda de troco, é contrato assinado.

2. Fale menos, entregue mais

O homem de palavra não precisa fazer discurso. Ele entrega. Ele mostra no silêncio, no gesto, no compromisso cumprido. Tem gente que fala muito e entrega pouco. Mas quem fala só o necessário e cumpre tudo, esse sim vale ouro.

3. Se atrasou, avise. Se errou, assuma.

Ninguém acerta sempre. Mas o homem de palavra se posiciona mesmo quando falha. Se prometeu e não deu, peça perdão. Explique-se. Não se esconda. Não minta. Esse tipo de atitude constrói respeito. Ainda que a promessa quebrada possa quebrar a confiança, a responsabilidade assumida já é um bom caminho para reconstruí-la.

4. Ensine com o exemplo

Não dá para cobrar a verdade dos filhos e mentir para o chefe. Não dá para ensinar o filho a "não mentir" e depois mandá-lo dizer que você não está em casa, ou que está ocupado. Eles aprendem observando, não ouvindo. Seja quem você gostaria que eles fossem.

5. Ore por coragem e verdade

A verdade, às vezes, exige coragem. Cumprir uma promessa negativa, como uma punição, assumir que errou, confrontar quem errou: isso tudo mexe com o coração e com o medo. Mas o homem de Deus não se apoia na própria força. Ele pede direção, sabedoria e coragem do Pai.

MENTIRA X VERDADE — QUEM GANHA ESSE JOGO?

Para sermos homens de palavra, precisamos ter muito cuidado com as mentiras — em especial que parecem inocentes. Chamo a atenção para elas porque, para o homem íntegro que deseja deixar um legado, não existe mentirinha nem mentirão. Quem mente por algo pequeno já está a meio passo de mentir por algo grande. Mentira é mentira, e o pai dela se chama Diabo. Na vida, temos dois caminhos bem claros: ou seguimos Jesus, que é a Verdade, ou nos associamos ao pai da mentira.

Sempre haverá quem tente arrumar um motivo para justificar a mentira. Algumas pessoas mentem para se valorizar: falam sobre o dinheiro que não têm, sobre as realizações que não alcançaram, sobre os livros que não leram e até mesmo sobre assuntos a respeito do qual não sabem nada no fim das contas. Talvez você já tenha vivido a situação de encontrar um amigo que não via há anos e, então, ele começa a contar que tem isso, que fez aquilo... São tantas vantagens que fica claro: está mentindo para parecer superior (ou, em alguns casos, para não se sentir tão por baixo).

Outras pessoas mentem tanto que acabam acreditando em suas próprias mentiras. Eu tive um amigo, na infância, cujo apelido era Mentirinha. Quando ele se aproximava, a turma já caía na risada, imaginando o mundo de ilusões que só ele acreditava existir. E a mentira pode virar uma doença. Chama-se mitomania ou mentira compulsiva. Ela pode chegar ao ponto de se tornar um distúrbio de personalidade. A pessoa mente tanto que já não sabe mais distinguir o que é real do que é inventado.

Sim, pessoas mentem para evitar a dor, como um mecanismo de proteção. Você e eu já mentimos em casa, na infância, quando a mãe perguntava quem tinha feito algo e, antes da frase terminar, já dizíamos: "Eu não!". E mesmo que tenha sido a gente, "só aconteceu porque fulano..." e lá vinha uma historinha para mostrar que não tínhamos culpa.

O problema da mentira é que, como qualquer pecado, a gente se acostuma tanto a isso que já não consegue mais viver sem. Mesmo nas situações mais simples, a verdade nunca parece o suficiente. Sempre precisa ter uma história, um causo aumentado. E nesse mundo em que tudo é cinza, fica difícil distinguir o preto do branco. Já são tantas mentiras que aparentemente não dá mais para voltar atrás. Conhecemos casos assim — não apenas em filmes ou novelas, mas na vida real. Gente que se enrolou até o pescoço com algo que começou pequeno, mas tomou proporções gigantescas.

O que aprendi na vida é que poucas coisas são melhores do que olhar alguém nos olhos e saber que se pode confiar nessa pessoa. Ou, por outro lado, saber que quem o olha nos olhos pode confiar inteiramente em você. Isso é precioso, e se constrói dia após dia, verdade após verdade.

HONRE SEUS COMPROMISSOS

Ser um homem íntegro e de palavras implica honrar seus compromissos. O que isso quer dizer? Honrar os compromissos é arcar com suas responsabilidades e ser leal no papel que lhe foi dado.

Temos compromissos espirituais: somos chamados a amar a Deus acima de todas as coisas, a fazer dele o centro da nossa vida, a ser testemunhas de Cristo em todos os lugares.

Temos compromissos com nossa família: somos chamados a ocupar o papel de sacerdotes e de provedores do lar, a proteger a casa e a família, a interceder pelos nossos.

Temos compromissos conjugais: somos chamados a amar a esposa como Jesus amou a igreja, a respeitar a esposa, não apenas como um princípio de honestidade com ela, mas também de temor a Deus, a estar atentos com aquilo que pode nos fazer cair, a evitar armadilhas que podem colocar em risco o compromisso conjugal.

Quais são os compromissos que derivam da posição que você ocupa hoje em sua família, em seu trabalho, em seu ministério, em sua vida com Deus? É preciso saber o que tem sido esperado de você para poder cumprir e, assim, não colocar em risco sua integridade.

A ausência de compromisso — e também de honestidade, de lealdade — irá manchar sua reputação e deixar um legado marcado pela desonra. Fomos chamados para vivermos de forma justa e compassiva em todas as áreas da vida. Nossas ações, por menores que sejam, não impactam apenas o presente, mas moldam o legado que deixaremos para as próximas gerações.

> A integridade pode até parecer uma virtude esquecida, mas deve ser resgatada.

A integridade pode até parecer uma virtude esquecida, mas deve ser resgatada. É possível viver de maneira que a palavra tenha valor, que os compromissos sejam honrados, que a mentira não seja nem uma opção. Em um mundo em que a honestidade é frequentemente desprezada, em que não faltam notícias de corrupção, golpes, fake news e muitos casos de impunidade, torna-se urgente ser um farol de integridade. Precisamos recuperar os padrões elevados da vida cristã a fim de inspirar e encorajar outras pessoas, em especial nossos filhos e os homens que convivem conosco, a também viverem com ética, elevando a régua da honestidade e do caráter.

Honrar compromissos e viver com integridade são pilares que usamos para construir um legado que glorifica a Deus. No entanto, muitos homens, mesmo desejando uma vida íntegra, ainda enfrentam lutas internas que ameaçam esse propósito. Vícios ocultos, hábitos prejudiciais e cadeias emocionais precisam ser vencidos para que a história que deixaremos para as próximas gerações seja marcada por honra, não por ruína. No próximo capítulo, vamos falar sobre como romper essas correntes e pavimentar o caminho para um legado digno e eterno.

Oração de Força e Legado

Pai, que a minha vida seja marcada pela integridade, mesmo quando ninguém estiver olhando. Dá-me coragem para ser honesto, justo e fiel em cada escolha, mesmo sob pressão. Que eu seja um homem confiável, cuja palavra tem peso e cujas atitudes revelam teu caráter. Livra-me da tentação de negociar princípios em troca de aceitação ou vantagem. Que minha integridade seja o alicerce do legado que estou construindo. Em nome de Jesus, amém.

Homem de Reflexão

1. Tenho sido íntegro mesmo quando ninguém está me observando?
2. Quais pequenas concessões de caráter eu preciso corrigir urgentemente?
3. Meu comportamento no trabalho, na família e na igreja é coerente com meus princípios?
4. Como posso fortalecer meu compromisso com a verdade em todas as situações?
5. Existe alguma área da minha vida onde a integridade tem sido negligenciada?
6. Estou disposto a pagar o preço da honestidade, mesmo que isso custe oportunidades?
7. Que exemplo de integridade eu quero deixar para as gerações futuras?

Biografia de força e legado

Elias

Força no confronto, legado no zelo pela verdade

Elias foi um profeta inflamado por um zelo profundo por Deus. Em uma época em que reis se curvavam a ídolos e o povo os seguia, Elias permaneceu inabalável, mesmo que isso o deixasse sozinho. Sua força se revelava no confronto direto com a apostasia, como no monte Carmelo, onde desafiou os profetas de Baal e clamou para que um fogo descesse do céu.

Mas a grandeza de Elias não está apenas nos milagres ou na ousadia. Após vitórias extraordinárias, ele também experimentou o esgotamento, o medo e o desejo de desistir. Escondeu-se em uma caverna, exausto, pedindo a morte. E ali, no silêncio, Deus não o repreendeu — o renovou. O vento, o terremoto e o fogo passaram, mas a voz de Deus veio num sussurro suave.

Elias nos ensina que até os homens mais fortes precisam de descanso, direção e recomeço. Sua masculinidade não era invencível, mas reverente. Ele ouvia, obedecia e se levantava mesmo após cair. Foi mentor de Eliseu, a quem passou o seu manto e foi levado ao céu sem provar a morte — um final que ecoa sua vida consagrada.

Seu legado é o da coragem que não negocia a verdade, da oração que muda realidades e da intimidade com Deus que sustenta em meio às batalhas. Elias prova que a força de um homem está em quem o sustenta — e seu legado, em quem ele forma e inspira.

◆ C A P Í T U L O 8 ◆

VENÇA OS VÍCIOS PARA DEIXAR UM LEGADO DE HONRA

É IMPRESSIONANTE COMO A Bíblia nos surpreende com respostas claras para os dilemas da vida. Ao estudar sobre os vícios e como se libertar deles para viver o propósito para o qual fomos chamados, encontrei um versículo que falou profundamente ao meu coração. Por isso, é com ele que este capítulo começa.

O apóstolo Paulo escreveu aos coríntios: "Porque Deus comprou vocês por preço elevado. Portanto, glorifiquem a Deus com o seu corpo" (1Coríntios 6:20, *Nova Bíblia Viva*). Sua vida custou um alto preço. Compreender isso é essencial. Desde a criação do mundo, Deus revela o valor do ser humano para Ele. Tudo foi criado pela palavra liberada — o famoso "haja" e assim tudo se fez. Mas, ao criar o ser humano, algo mudou. Em vez de um comando, houve uma conversa na Trindade. Não foi mais "haja", mas sim: "Façamos o homem à nossa imagem, conforme a nossa semelhança" (Gênesis 1:26).

Fomos criados custando caro. Por isso, quando caímos como raça, a nossa salvação não poderia ser qualquer coisa. Como escreveu o apóstolo Pedro: "Pois vocês sabem que não foi por meio de coisas perecíveis como prata ou ouro que vocês foram redimidos da sua maneira vazia de viver, transmitida por seus antepassados, mas pelo precioso sangue de Cristo, como de um cordeiro sem mancha e sem defeito" (1Pedro 1:18-19). O sangue de Cristo é o alto preço que foi pago em nosso resgate. Por isso, conclui Paulo, "glorifiquem a Deus com o corpo de vocês".

Diante disso, torna-se indispensável refletir sobre como seu corpo tem sido utilizado. O que você faz com seu corpo glorifica ou não a Deus?

Nosso corpo pertence a Deus. Pertence a Ele porque foi Ele quem criou, e a Palavra diz: "Do Senhor é a terra e tudo o que nela existe" (Salmos 24:1). Esse "tudo" inclui você e eu, e não apenas como almas, mas com tudo o que somos, incluindo nosso corpo.

Além disso, nosso corpo pertence a Deus porque, como já pontuamos, Ele nos resgatou da morte, derramando, em nosso lugar, o sangue do corpo de Jesus.

Por fim, nosso corpo pertence a Deus porque é nele que o Espírito de Deus habita: "Vocês não sabem que são santuário de Deus e que o Espírito de Deus habita em vocês? [...] Pois o templo de Deus, que são vocês, é sagrado" (1Coríntios 3:16-17).

O corpo humano é sagrado. É o templo de Deus. E assim como qualquer templo físico, que inspira respeito — onde não se joga lixo no chão, não se faz bagunça, não se levanta a voz nem se deita no chão —, assim também seu corpo deve ser tratado: com reverência, cuidado e ordem.

O QUE É UM VÍCIO

Há, porém, muitas coisas que desrespeitam o templo de Deus. Muitas coisas que "sequestram" o corpo que pertence a Deus e fazem dele um escravo. Entre as várias coisas, destaco aqui os vícios. Eles ofendem esse templo. Destroem o que deveria ser protegido.

O que é um vício?

O vício é caracterizado como uma condição crônica e recorrente em que o indivíduo busca compulsivamente determinada *substância* (como drogas, álcool ou comida) ou comportamento (como jogos, trabalho ou internet), mesmo que isso traga consequências negativas claras para sua saúde, para seus relacionamentos ou seu desempenho social e profissional.[1]

---

[1] AMERICAN PSYCHIATRIC ASSOCIATION. What is addiction? Disponível em: https://www.psychiatry.org/patients-families/addiction/what-is-addiction. Acesso em: 20 maio 2024.

VENÇA OS VÍCIOS PARA DEIXAR UM LEGADO DE HONRA

Os principais critérios usados para determinar se uma substância ou atitude se tornou um vício são:

- Desejo intenso (de consumir a substância ou realizar o comportamento);
- Perda de controle (não conseguir parar);
- Tolerância (necessidade de doses maiores para obter o mesmo efeito);
- Sintomas de abstinência;
- Persistência no comportamento, apesar dos danos.

É importante destacar que o vício altera o funcionamento do cérebro, especialmente em áreas relacionadas à recompensa, autocontrole e julgamento. Isso dificulta vencer o vício, mesmo quando há esforço e vontade para mudar. Por isso, para interromper um vício, sempre será preciso pedir ajuda.

Diversos fatores contribuem para o vício. A seguir, listo os principais.

Fatores genéticos e biológicos

Em estudo publicado na revista cientifica *Nature Communications*, pesquisadores da Universidade Fudan, em Xangai, China, mostraram o abuso de drogas pode ser hereditário em até 60% dos casos.[2] Os fatores genéticos não são determinantes, mas a presença de pessoas viciadas em nossa árvore genealógica deve nos deixar atentos para evitar situações que possam engatilhar esse comportamento em nós.

Isolamento social

Estudos indicam que a solidão aumenta significativamente o risco de dependência, pois o cérebro passa a buscar compensações para a ausência de vínculos afetivos e suporte emocional.[3] Quando um

---

[2] EL PAÍS BRASIL. Citado em: https://brasil.elpais.com/brasil/2017/05/31/ciencia/1496244370_258847.html. Acesso em: 11 jun. 2024.

[3] FRONTIERS IN PSYCHOLOGY. Exploring associations between social media addiction, social media fatigue, fear of missing out and sleep quality among university students: A cross-sectional study. Disponível em: https://www.frontiersin.org/journals/psychology/articles/10.3389/fpsyg.2024.1391415/full. Acesso em: 23 abr. 2025.

homem se vê afastado de sua rede de apoio — da família, dos amigos ou da comunidade —, ele pode buscar alívio em comportamentos que oferecem prazer imediato, como o consumo de substâncias, o uso excessivo de tecnologia. Pode também se afundar em trabalho para tentar suprimir a solidão.

Falta de propósito

A falta de propósito é terreno fértil para o surgimento dos vícios. Quando um homem não sabe quem é, por que está aqui ou para onde está indo, o coração fica vulnerável a todo tipo de distração e entorpecimento. Sem direção, qualquer caminho parece servir — e é aí que muitos acabam se perdendo em prazeres momentâneos que oferecem uma falsa sensação de sentido. Drogas, pornografia, álcool, jogos ou qualquer outro vício surgem como válvula de escape para um vazio que só poderia ser preenchido com propósito e identidade.

Influências

Minha avó dizia que quem com porcos anda, farelo come. Ela estava certa: influências negativas podem ocasionar a vícios. Todo alcoolismo começa com um só gole — e quantos não começaram essa caminhada destrutiva para serem aceitos em seu grupo de amigos? As pressões sociais e o ambiente em que uma pessoa vive podem contribuir significativamente para o desenvolvimento de vícios.

Busca de alívio e prazer imediato

Em um mundo agitado e cheio de cobranças, o vício se apresenta como uma válvula de escape. Homens que tentam fugir de dores emocionais, estresse, ansiedade ou tristeza, mas não buscam consolo no lugar certo, frequentemente acabam prisioneiros de hábitos destrutivos. Outros escolhem atalhos em busca de prazeres imediatos, trocando aquilo que poderia ser bom e duradouro no futuro por uma satisfação momentânea.

Na vida, a maioria das pessoas se move por dois grandes impulsos: a busca pelo prazer ou a fuga da dor. O vício se aproveita exatamente dessas duas direções. Em alguns casos, funciona como um chamariz para aqueles que não querem encarar o que está machucando.

VENÇA OS VÍCIOS PARA DEIXAR UM LEGADO DE HONRA

Em outros, oferece uma sensação de prazer instantâneo que parece irresistível.

O corpo humano possui um sistema de recompensa natural — uma rede complexa no cérebro responsável por nos motivar a repetir comportamentos que promovem bem-estar e sobrevivência, como comer, beber ou descansar. Substâncias como o álcool, a nicotina e a cocaína sequestram esse sistema, provocando uma liberação exagerada de dopamina, o neurotransmissor ligado ao prazer. Esse pico artificial é muito mais intenso do que qualquer recompensa natural, o que explica por que tantos acabam dependentes. Segundo o Instituto Nacional de Abuso de Drogas (NIDA), dos Estados Unidos, esse mecanismo cria um ciclo compulsivo de busca por prazer que é difícil de interromper, mesmo quando a pessoa deseja parar.[4]

Além disso, pesquisadores de Harvard destacam que esse processo de vício não é apenas comportamental, mas também fisiológico: o cérebro muda estruturalmente com o uso contínuo da substância, reforçando padrões de dependência e dificultando a tomada de decisões conscientes.[5]

A NECESSIDADE DE RECONHECER O VÍCIO

Infelizmente, é comum que o viciado não reconheça sua condição. Isso acontece, em grande medida, como parte de um mecanismo de defesa do nosso organismo, chamado de *negação*. A negação é uma forma que nosso cérebro encontra de nos proteger de realidades dolorosas ou ameaçadoras. Em vez de confrontar a realidade de que tem mesmo um vício, a maioria das pessoas rejeita o rótulo de "viciado" — uma palavra pesada e uma confissão de que se perdeu o controle. Negar o vício, então, acaba sendo uma tentativa inconsciente de evitar o sofrimento e a sensação de impotência diante da própria condição.

---

[4] NATIONAL INSTITUTE ON DRUG ABUSE (NIDA). The Brain's Reward Circuit: How Drugs Hijack the System. Disponível em: https://nida.nih.gov/publications/drugs-brains-behavior-science-of-addiction/reward-circuit. Acesso em: 23 abr. 2025.

[5] HARVARD MEDICAL SCHOOL. How addiction hijacks the brain. Disponível em: https://www.health.harvard.edu/newsletter_article/how-addiction-hijacks-the-brain. Acesso em: 23 abr. 2025.

> Para qualquer problema da vida ser resolvido, ele precisa, em primeiro lugar, ser reconhecido.

Negar o vício compromete a jornada de recuperação, porque, para qualquer problema da vida ser resolvido, ele precisa, em primeiro lugar, ser reconhecido. Jesus disse, por exemplo, que veio para os doentes (Lucas 5:31). Se você for pensar, quem não é doente espiritualmente, a ponto de não precisar de Jesus? Todo mundo é, e todo mundo precisa. Mas Jesus está dizendo, com isso, que Ele veio para quem *reconhece* que é doente. A pessoa que se olha num espelho espiritual e diz "Eu preciso de ajuda!" irá encontrar ajuda em Jesus. Agora, quem pensa como o fariseu da parábola de Lucas 18:10-14 pensava — que não precisa de ajuda, que é sadio o suficiente — nunca receberá ajuda de Jesus porque nunca será humilde o bastante para pedir.

Reconhecer o vício, assim como reconhecer o pecado, é, antes de tudo, um exercício de humildade. Confessar que você não dá conta mais da sua vida e que precisa de ajuda é algo que mexe com o ego e, consequentemente, nem todos são capazes de fazer isso. Muitos homens evitam admitir seus vícios por medo. Medo de ser rejeitado, medo de pensarem que ele é fraco, que é derrotado, que não deu conta. Medo de afirmar que ele não é dono da própria vida, e que não consegue parar a hora que quiser, como geralmente afirmava com certo orgulho.

Muita gente não confessa pecado pelo mesmo motivo. Mas vencer a ambos — o vício e o pecado — é possível quando há confissão, arrependimento e ação. A Bíblia afirma que "Se confessarmos os nossos pecados, [Deus] é fiel e justo para perdoar os nossos pecados e nos purificar de toda injustiça" (1João 1:9). Confessar o vício e o pecado é um ato de humildade e fé, e é um primeiro passo que abre espaço para a ação divina e humana na cura.

Deus é especialista em trabalhar a partir do que está quebrado, escuro, sem forma. Lemos que antes da ação de Deus, "a terra era sem forma e vazia; havia trevas sobre a face do abismo" (Gênesis 1:2,3). Foi usando esse cenário caótico e desolado como matéria-prima que Deus criou o mundo. E quando terminou, "Deus viu tudo o que havia feito e percebeu que tudo havia ficado muito bom" (Gênesis 1:31). Como criaturas de Deus, possuímos um valor intrínseco, mesmo quando falhamos.

Isso nos leva a uma grande verdade espiritual: a matéria-prima do milagre é a impossibilidade. É quando não vemos solução que Deus manifesta sua graça redentora. Mas esse processo exige rendição e coragem. Negar o vício é atrasar a libertação. Reconhecê-lo é abrir caminho para a restauração.

A seguir, abordo alguns vícios que me parecem os mais comuns hoje. Não pretendo esgotar o tema, mas convidá-lo à reflexão. Pode ser que você não seja mesmo viciado em nenhuma dessas áreas, ou em nenhuma área, e graças a Deus por isso. Mas sempre vale repetir o alerta de Paulo: "Aquele que considera estar de pé, cuide-se para que não caia!" (1Coríntios 10:12). Avalie se alguma das áreas a seguir não tem se tornado um ponto fraco em sua vida, uma brecha pela qual o vício e o inimigo podem entrar e aprisioná-lo.

Redes sociais

Vivemos em uma era na qual a conectividade digital é onipresente, e chegamos ao ponto de não conseguirmos viver sem internet. Faça um teste na sua casa: feche a entrada de água e desligue o roteador. Veja do que as pessoas vão sentir falta primeiro: se da água ou da internet.

Apesar de trazer inúmero benefícios, a possibilidade de sempre estar conectado se tornou, para muitos, uma prisão invisível. É o pânico de descobrir que esqueceu o celular em casa, a mania de clicar na tela a cada cinco segundos para ver se chegou alguma notificação. Algumas pessoas até sentem que o celular está vibrando no bolso, mas quando põe a mão, descobrem que o celular nem estava lá.

Um dos fatores que impulsionam o uso excessivo da internet é o FOMO. Talvez, dependendo da hora que esteja lendo este livro, você pense que se trate de pedir comida online. Mas não tem nada a ver com "fome". FOMO é um acrônimo em inglês para *Fear Of Missing Out*, que significa "medo de ficar por fora". É um medo real de estar perdendo alguma informação ou evento importante. — uma chamada, um post, uma curtida, uma mensagem, um alerta etc. Esse medo de perder o que acontece no mundo virtual nos impede de viver e aproveitar o mundo real.

Talvez você ache que isso é coisa de adolescente, que são eles que não saem do celular. No entanto, pesquisas recentes revelam que o uso excessivo da internet atinge também — e de forma crescente

— adultos entre 30 e 50 anos. Um levantamento da American Psychological Association mostrou que 43% dos adultos nessa faixa etária relatam sentimentos de dependência em relação à internet e às redes sociais.[6] Outro estudo, da Universidade de Michigan, identificou correlações diretas entre o uso compulsivo de redes sociais e sintomas de ansiedade, insônia e desconexão emocional em adultos maduros, especialmente homens em fase ativa da vida profissional e familiar.[7] Esses homens, que deveriam ser pilares de equilíbrio em casa e em suas comunidades, muitas vezes se veem cativos de um ciclo de dopamina alimentado por curtidas, notificações e vídeos infinitos. O impacto é sutil, mas profundo: afeta a produtividade, os relacionamentos familiares e, principalmente, a vida espiritual.

Não podemos ser dependentes de um aparelho, nem do estilo de vida hiperconectado que ele nos oferece. Não se trata apenas de "passar tempo demais" na internet, mas de perceber que esse tempo tem roubado nossa paz, nosso foco e nossa intimidade com Deus. Estabelecer limites, reservar períodos para desconexão e priorizar relacionamentos reais são ações práticas e urgentes.

Pornografia

Algo que tem afetado a saúde mental e o relacionamento conjugal de alguns homens, afastando-os dos caminhos do Senhor é a pornografia. Antigamente, o acesso a esse tipo de conteúdo era limitado e exigia esforço. Lembro-me bem de que, na minha adolescência, meu primeiro contato com algo pornô foi marcante. Eu era um garoto, recém-saído da infância, curioso para descobrir coisas novas. Certa tarde, na casa dos meus primos, aproveitamos a ausência de nossos pais e fomos até o banheiro do meu tio, onde descobrimos sua coleção de revistas *Playboy*. Aquilo, no final da década de 1980, era o mais

---

[6] AMERICAN PSYCHOLOGICAL ASSOCIATION. *Stress in America: Coping with Change*. Washington, DC: APA, 2017. Disponível em: https://www.apa.org/news/press/releases/stress/2017/technology-social-media.pdf. Acesso em: 23 abr. 2025.

[7] ZHU, X. et al. Exploring associations between social media addiction, social media fatigue, fear of missing out and sleep quality among university students: A cross-sectional study. *PLOS ONE*, v. 18, n. 10, p. e0292429, 2023. Disponível em: https://journals.plos.org/plosone/article?id=10.1371/journal.pone.0292429. Acesso em: 23 abr. 2025.

distante que um menino poderia chegar. Mulheres nuas acendiam o desejo e antecipavam a sexualidade.

Hoje, com o avanço da tecnologia, crianças têm acesso a cenas de sexo ao vivo, com as mais diversas aberrações, a um clique de distância. A internet tornou a pornografia amplamente acessível, o que levanta preocupações significativas quanto aos seus impactos na saúde mental.

A pornografia pode afetar o cérebro de maneiras semelhantes a outros vícios mais "pesados", como o uso de drogas ou jogos de azar. Quando uma pessoa consome conteúdo pornográfico, o cérebro libera dopamina, um neurotransmissor associado ao prazer e à motivação. Com o tempo, o consumo frequente pode levar à dessensibilização, fazendo com que o cérebro exija estímulos cada vez mais intensos para sentir o mesmo prazer. Isso também prejudica a capacidade de formar e manter conexões emocionais reais.[8]

A pornografia não afeta apenas o cérebro, mas também deturpa o propósito original de Deus para o relacionamento sexual. O sexo foi criado por Deus como um presente para ser desfrutado no contexto do casamento, com amor, entrega e intimidade verdadeira. A pornografia, por outro lado, banaliza esse dom, substituindo a união sagrada por prazer isolado e egoísta, o que vai contra os princípios divinos de pureza e fidelidade. Em vez de fortalecer o amor e o compromisso, a pornografia isola, alimenta fantasias desconectadas da realidade e enfraquece os laços que sustentam os relacionamentos duradouros.

Além disso, como destaca Joe Rigney, a pornografia deturpa o próprio ser humano, criado à imagem e semelhança de Deus. Ele diz: "Em vez de ver mulheres como pessoas, ajudadoras, imagem de Deus, a pornografia nos apresenta mulheres como objetos de consumo e degradação. Em vez de considerar os homens pessoas, protetores, provedores e imagem de Deus, a pornografia os transforma em feras devoradoras".[9]

---

[8] KÜHN, Simone; GALLINAT, Jürgen. Brain structure and functional connectivity associated with pornography consumption: The brain on porn. JAMA Psychiatry, v. 71, n. 7, p. 827-834, 2014. Disponível em: https://doi.org/10.1001/jamapsychiatry.2014.93. Acesso em: 23 abr. 2025.

[9] RIGNEY, *Mais que uma batalha*, p. 83.

Jogos online e videogame

Jogos podem se tornar um vício quando se tornam um escape da realidade, comprometendo o desempenho no trabalho e nas relações familiares. O que antes era apenas um passatempo se torna, para muitos, uma forma de anestesiar frustrações da vida real, ligadas ao trabalho, à família ou à identidade pessoal. E é justamente nesse momento que o vício se instala: quando o jogo deixa de ser recreativo e passa a ser uma fuga.

Segundo um estudo conduzido pela Universidade de Oxford, adultos com mais de 30 anos representam uma fatia crescente dos usuários que demonstram comportamentos problemáticos em jogos online, especialmente em modalidades competitivas, como RPGs, jogos de estratégia em tempo real e apostas eletrônicas.[10] Embora o Transtorno de Jogos pela Internet (TJI) tenha sido inicialmente identificado em jovens, hoje ele já é reconhecido pela Organização Mundial da Saúde (OMS) como uma condição que também afeta adultos em plena fase produtiva da vida.[11]

Quem chega a esse estágio, já não consegue mais ter controle sobre o início, a frequência, a intensidade, a duração, o término e o contexto do jogo. Isso aumenta significativamente os riscos à saúde mental e física, com consequências como obesidade, síndrome do olho seco, problemas auditivos e posturais.

Gosto da perspectiva do escritor Robert Wolgemuth, que comenta:

> Rapazes têm uma necessidade de sentir realização, e o êxito ao jogar videogame satisfaz essa necessidade — tudo isso sem nenhuma verdadeira conquista. Por um lado, como é o caso de muitas coisas, jogar videogame pode ser saudável quando feito com moderação. Por outro lado, pode sair do controle e se tornar um vício que consome nosso tempo e energia. O que isso satisfaz nos homens é falso, vazio, egoísta e enganoso".[12]

---

[10] PRZYBYLSKI, Andrew K. Gaming does not appear harmful to mental health, unless the gamer can't stop. Oxford University, 27 jul. 2022. Disponível em: https://www.ox.ac.uk/news/2022-07-27-gaming-does-not-appear-harmful-mental-health-unless-gamer-cant-stop-oxford-study. Acesso em: 23 abr. 2025.

[11] WORLD HEALTH ORGANIZATION. *Addictive behaviours: Gaming disorder.* 22 out. 2020. Disponível em: https://www.who.int/news-room/questions-and-answers/item/addictive-behaviours-gaming-disorder. Acesso em: 23 abr. 2025.

[12] WOLGEMUTH, *Mentiras que os homens acreditam e a verdade que os liberta*, p. 171.

Ele continua dizendo que os homens receberam de Deus o desejo de fazerem parte de algo maior do que eles mesmos. Talvez seja isso que muitos tentem satisfazer se envolvendo com times e torcidas de futebol ou se dedicando a superar fases em partidas de videogame. O perigo surge quando esse vício impede que enfrentem as verdadeiras batalhas do mundo real. Nossas verdadeiras batalhas não estão em uma tela, mas na vida que começa quando desligamos o videogame. São essas batalhas que Deus nos chamou a lutar e vencer.

Apostas esportivas

Meu filho mais novo ama futebol. Além de paixão, ele tem um dom genuíno para o esporte. Por conta disso, tenho ido com ele aos estádios para assistir aos jogos do time do coração dele, o Sport Recife. Mas mesmo não sendo um frequentador assíduo dos campos de futebol, algo tem me chamado bastante atenção: o crescente número de casas de apostas esportivas patrocinando jogadores e times.

As chamadas "bets" (do inglês "aposta") invadiram o universo esportivo, usando influenciadores digitais para promover uma ideia ilusória de que é "fácil" fazer uma fezinha e ganhar dinheiro. Só em 2023, a entrada oficial das bets no Brasil fez com que os brasileiros gastassem cerca de R$ 54 bilhões em apostas, segundo estimativas do Banco Central.[13] De acordo com o grupo de pesquisas Datafolha, ao menos 15% da população brasileira já realizou alguma aposta online, sendo a maior parte composta por homens e jovens adultos.[14]

O que talvez não esteja claro para muita gente é que a bet de hoje nada mais é do que o jogo de azar de ontem, mas com um agravante: está na palma da mão de qualquer homem... ou até mesmo de uma criança. O risco é real e crescente. Isso não afeta apenas a saúde financeira, como também tem impulsionado o aumento nos casos de ludopatia — termo usado para descrever o vício em jogos de azar.

---

[13] IG SAÚDE. Vício em bets pode se tornar doença; conheça os sintomas da ludopatia. Disponível em: https://saude.ig.com.br/2024-05-26/sintomas-de-viciados-em-apostas-esportivas-ludopatia.html. Acesso em: 14 jun. 2024.

[14] DATAFOLHA. Pesquisa sobre apostas online no Brasil: dezembro de 2023. São Paulo: Instituto Datafolha, 2024. Disponível em: https://bnldata.com.br/wp-content/uploads/2024/01/Pesquisa_Datafolha_Apostas_Online.pdf. Acesso em: 23 abr. 2025.

> No fim, a maioria dos apostadores sai com dinheiro a menos na conta, um vício a mais no corpo, e muitos problemas para resolver.

Apostas viciam, e isso não é uma novidade. A história já mostrou isso em diferentes contextos: corridas de cavalos, cassinos luxuosos, casas de bingo... As formas mudam, mas a armadilha é a mesma: você aposta, ganha ou perde, mas termina sempre mais vulnerável. Porque, como diz a máxima: "A casa sempre ganha". No fim, a maioria dos apostadores sai com dinheiro a menos na conta, um vício a mais no corpo, e muitos problemas para resolver. Enquanto isso, os donos das bets seguem enriquecendo.

A Bíblia nos alerta com clareza e firmeza: "Os que querem ficar ricos caem em tentação, em ciladas e em muitos desejos insensatos e nocivos, que levam os homens a mergulhar na ruína e na destruição, pois o amor ao dinheiro é a raiz de todos os males. Algumas pessoas, por cobiçar o dinheiro, se desviaram da fé e se afligiram com muitos sofrimentos" (1Timóteo 6:9,10). Dinheiro abençoado é o que se ganha trabalhando.

> Dinheiro abençoado é o que se ganha trabalhando.

Dependência química e álcool

A dependência química é uma condição crônica na qual a pessoa se torna fisicamente e psicologicamente dependente de substâncias como drogas ilícitas, álcool e até medicamentos prescritos. Trata-se de uma luta intensa e dolorosa, que tem assolado cada vez mais homens — inclusive dentro do próprio meio cristão — impactando sua vida espiritual, familiar e profissional.

Um dos problemas mais comuns é o alcoolismo. Em um país conhecido por samba, futebol e cerveja, o brasileiro é exposto ao álcool desde cedo. Segundo a Organização Mundial da Saúde (OMS), existem mais de 6 milhões de alcoólatras no Brasil, e o consumo médio de bebidas alcoólicas por pessoa no país é cerca de 40% maior do que a média global.[15] Além disso, quase metade dos acidentes

---

[15] FOLHA DE S. PAULO. 6 milhões de brasileiros têm abuso de álcool e risco de dependência, indica pesquisa. Disponível em: https://www1.folha.uol.com.br/equilibrioesaude/2023/08/6-milhoes-de-brasileiros-tem-abuso-de-alcool-e-risco-de-dependencia-indica-pesquisa.shtml. Acesso em: 14 jun. 2024.

fatais de trânsito no Brasil têm ligação direta com o álcool. Mesmo com todos esses dados alarmantes, as novas gerações continuam começando a beber cada vez mais cedo.[16]

Infelizmente, o desafio da dependência química não é algo distante. Há pessoas que se sentam à sua frente ou ao seu lado no banco da igreja que estão lutando silenciosamente contra esse mal. Elas frequentam cultos, cantam louvores, declaram vitória em Cristo — mas, no íntimo, vivem aprisionadas, enfrentando um verdadeiro inferno emocional e espiritual por causa de um vício que as domina.

É POSSÍVEL VENCER O VÍCIO: VOCÊ NÃO ESTÁ SOZINHO

Antes de qualquer coisa, é importante dizer: o vício pode ser vencido. Não importa há quanto tempo você luta, nem quantas quedas já enfrentou — há esperança, há saída e há graça. Deus não nos criou para vivermos escravizados, mas para andarmos em liberdade. Abaixo, compartilho alguns passos práticos que podem ajudar nessa jornada de restauração.

> Deus não nos criou para vivermos escravizados, mas para andarmos em liberdade.

1. Decida parar

O primeiro passo para viver livre de qualquer vício é tomar uma decisão firme: você precisa querer. Sem decisão, não há transformação. É necessário reconhecer que esse vício está corroendo sua vida, seu casamento, sua intimidade com Deus. Entenda: o pecado não pode ser seu destino. A Palavra diz que em Cristo somos mais que vencedores, e essa vitória começa com uma escolha. Você tem poder, em Deus, para tomar essa decisão — e sua família vai agradecer por isso.

2. Tenha esperança

Visualize sua vida sem as correntes que hoje o aprisionam. Imagine viver sem precisar de uma substância, de um clique, de uma garrafa, de uma aposta para se sentir bem. Você é livre em Cristo.

---

[16] GOVERNO DO ESTADO DO RIO GRANDE DO SUL. Cresce índice de alcoolizados entre mortos no trânsito. Disponível em: https://www.estado.rs.gov.br/cresce-indice-de-alcoolizados-entre-os-mortos-no-transito. Acesso em: 14 jun. 2024.

Agora, pense também no oposto: imagina sua filha encontrando você enquanto consome pornografia? Ou seus filhos carregando-o bêbado para dentro de casa? Essa é a imagem que você quer deixar como legado? Que história você quer que sua família conte a seu respeito?

3. "Arranque o olho"

Jesus foi claro: "Se o seu olho o induz a pecar, arranque-o e jogue-o fora" (Mateus 18:9). Isso não é literal, mas é radical. Você precisa identificar as portas de entrada do pecado e fechá-las. Se o computador no quarto, virado para a parede, o deixa vulnerável, "arrancar o olho" pode significar colocá-lo na sala, onde todos veem o que você está acessando. Se o celular é uma armadilha, talvez seja hora de limitar seu uso ou até tirá-lo por um tempo. Liberdade exige atitudes práticas.

4. Seja honesto com quem está ao seu lado

A honestidade com sua família e amigos — especialmente com aqueles que já foram ou ainda podem ser afetados pelo seu vício — é um passo necessário para a libertação. Muitas vezes, o homem tenta enfrentar sozinho essa luta, acreditando que pode resolver tudo no silêncio e na força de vontade. Mas pensar assim é outra armadilha, às vezes tão forte quanto o próprio vício. A dependência não afeta apenas você, ela impacta todos ao seu redor: esposa, filhos, colegas de trabalho, irmãos da igreja. Ser transparente e vulnerável pode ser difícil, mas é um ato de coragem e libertação. Quem o ama vai caminhar com você.

5. Busque ajuda especializada

Entenda que, em algumas situações, será preciso um tratamento clínico. Há casos em que o corpo e a mente já estão tão marcados pelo vício que é necessário intervenção médica. E aqui é importante dizer: deixe de lado o preconceito e o orgulho. Buscar ajuda profissional não é sinal de fraqueza — é um sinal de maturidade, sabedoria e humildade. Deus usa médicos, terapeutas e especialistas como instrumentos de cura.

6. Procure apoio comunitário

Não caminhe sozinho. Você precisa de uma rede de apoio. Filiar-se a grupos de recuperação, como o Alcoólicos Anônimos (AA), o Narcóticos Anônimos (NA) ou outros, promovidos por igrejas e instituições independentes, é fundamental para você se sentir acolhido e abençoado com o testemunho de pessoas que, como você, também sofreram com o mesmo vício e encontraram libertação.

7. Substitua o vício por hábitos saudáveis

O ser humano é uma criatura de hábitos. Quando um hábito negativo é arrancado, é essencial preencher esse espaço com práticas que levem a uma vida mais equilibrada, mais próxima de Deus e mais voltada ao serviço ao próximo. Inserir rotinas como a leitura bíblica, exercícios físicos, voluntariado ou novos aprendizados ajuda a reprogramar a mente e o coração. O apóstolo Paulo ensina, na carta aos Efésios, que as atitudes destrutivas devem ser substituídas por outras que reflitam o novo modo de viver e pensar em Cristo (Efésios 4:20-32).

8. Tenha um mentor ou confidente espiritual

Caminhar com alguém de confiança — um mentor, um discipulador ou confidente espiritual – pode fazer toda a diferença nesse processo. Essa pessoa será uma base para você se apoiar, alguém a quem você prestará contas, de quem receberá conselhos e em quem encontrará encorajamento nos momentos mais desafiadores. A caminhada rumo à libertação não foi feita para ser trilhada sozinho. Deus usa pessoas como colunas de sustentação quando as forças humanas já não bastam.

9. Ore com constância e profundidade

Vícios frequentemente estão ligados a feridas da alma que apenas o Espírito Santo pode curar. Por isso, é essencial buscar a Deus diariamente, com sinceridade e entrega. Quanto mais oração houver, mais força haverá para resistir às tentações e permanecer firme. Saiba que essa batalha não é apenas sua. Deus irá lutá-la ao seu lado e, acima de tudo, dentro de você.

10. Confesse

O décimo e último passo é profundo e transformador: confessar para ser curado. Esse princípio espiritual está em Tiago 5:16: "Confessem os seus pecados uns aos outros e orem uns pelos outros para serem curados". A confissão quebra o ciclo da vergonha e das trevas. Quando se tira o pecado do esconderijo e se traz à luz, o poder do inimigo sobre a mente começa a enfraquecer. Concordo com o autor Jim George quando ele diz: "Quando você e eu deixamos de confessar um pecado em nossa vida, estamos prejudicando nosso relacionamento com Deus, prejudicando nosso crescimento espiritual, prejudicando as pessoas que amamos e prejudicando nosso trabalho".[17] E

Confessar não é sinônimo de exposição humilhante, mas sim de libertação verdadeira. A confissão abre espaço para o perdão, a restauração e o recomeço. Ela deve ser feita primeiramente a Deus porque, em última análise, é contra Deus que pecamos e é a Deus que ofendemos. Então é Ele quem tem a prerrogativa de perdoar. Como escreveu Davi, após seu adultério: "Contra ti, contra ti somente, pequei e fiz o que era mau aos teus olhos, de modo que justa é a tua sentença e irrepreensível é o teu julgamento" (Salmos 51:4).

Em segundo lugar, depois de nos confessarmos a Deus, devemos procurar pessoas. O autor Joe Rigney, baseado em Tiago 5:6, sugere que contar com o apoio de um grupo, ou mesmo com um indivíduo — um mentor, discipulador, um amigo, um homem de nossa confiança —, é o caminho para encontramos cura e santidade.[18] Confessar a outros nossas fraquezas nos dá a oportunidade de receber aconselhamento.

O terceiro lugar é confessar seu vício às pessoas afetadas: esposa, filhos, pais, amigos, funcionários etc. Isso é decisivo para que tudo seja exposto à luz, o que trará cura e possibilidade de um novo recomeço.

ROMPENDO COM OS VÍCIOS

Se você identificou algum vício — ou mesmo alguma amarra em sua vida — confesse seu vício e corra na direção da liberdade que Jesus tem para você. Precisamos nos apegar às coisas que vêm de Deus e nos afastar daquelas que pertencem ao mundo. "Tudo o que há no mundo", diz o autor bíblico, "o desejo da carne, o desejo dos olhos e a arrogância da vida — não provém do Pai, mas do mundo" (1João 2:16). Entender as razões por trás dos vícios e enfrentá-las com estratégias espirituais e práticas nos ajudará a romper as correntes que os aprisionam. Com propósito, apoio da comunidade e uma mente renovada

---

[17] GEORGE, Jim. *Um homem segundo o coração de Deus*, p. 36.
[18] RIGNEY, *Mais que uma batalha*, p. 48.

pela Palavra de Deus, é possível viver uma vida livre de vícios e construir um legado digno e honrado.

Vencer os vícios é um passo essencial para viver uma vida de liberdade, mas a jornada não para por aí. Muitas amarras que nos prendem hoje têm raízes em feridas antigas, em histórias não resolvidas que continuam nos impactando. Para avançar plenamente e deixar um legado de honra, também é necessário olhar para trás com coragem e desatar os nós do passado. No próximo capítulo, vamos aprender a encarar essas marcas e permitir que Deus transforme nossa história em um testemunho de redenção e esperança.

Oração de força e legado

Deus, fortalece-me na luta contra tudo o que me escraviza e enfraquece. Sei que os vícios não têm a palavra final sobre minha vida. Quero romper com os hábitos que me afastam de ti e prejudicam aqueles que amo. Renova minha mente, restaura meu corpo e liberta meu espírito. Que eu seja um homem livre para amar, servir e deixar um legado de pureza, força e honra. Em nome de Jesus, amém.

Homem de reflexão

1. Existe algum vício ou hábito oculto que tem comprometido minha força e meu legado?
2. Tenho buscado em Deus a força necessária para vencer essas batalhas?
3. Como meus vícios, mesmo que sutis, têm impactado minha família e minha liderança?
4. Estou disposto a buscar ajuda prática (mentoria, discipulado, aconselhamento) para vencer?
5. Quais áreas da minha vida precisam ser disciplinadas para restaurar meu testemunho?
6. De que maneira posso substituir velhos hábitos destrutivos por práticas de vida saudável?
7. Que tipo de liberdade eu sonho em conquistar para inspirar outros a também serem livres?

BIOGRAFIA DE FORÇA E LEGADO

Samuel

Força na escuta, legado na integridade

Samuel foi um homem moldado desde o ventre para servir. Filho da oração de Ana, ele foi entregue ao Senhor ainda menino e cresceu no templo, aprendendo a ouvir a voz de Deus em um tempo em que "raramente o Senhor falava" (1Samuel 3:1). Sua força estava justamente nisso: em saber escutar. Não apenas os sons ao seu redor, mas a voz divina que o chamava no silêncio.

Ao longo da vida, Samuel foi juiz, profeta e líder espiritual de Israel. Conduziu o povo com firmeza e temor, exortando-o ao arrependimento e à fidelidade. Ungiu reis — inclusive Davi — mas nunca buscou trono para si. Sua autoridade era moral, não política. Ele foi a ponte entre o tempo dos juízes e o início da monarquia, mantendo-se firme enquanto o povo oscilava entre a idolatria e a devoção.

Samuel nos ensina que força, aos olhos de Deus, é integridade. Ele não se corrompeu, não cedeu à pressão popular e jamais usou sua posição para benefício próprio. Envelheceu com honra, podendo dizer ao povo: "Dêem testemunho contra mim... e eu o restituirei" — e ninguém pôde acusá-lo de nada.

Seu legado é o de um homem que viveu de forma irrepreensível, que ouviu a voz de Deus com atenção e a transmitiu com fidelidade. Samuel mostra que a masculinidade bíblica começa com um coração sensível ao Senhor — e permanece firme até o fim.

◆ C A P Í T U L O 9 ◆

DESATANDO OS NÓS DO PASSADO

VOCÊ JÁ VIU O USAIN BOLT correndo? É impressionante. Quando ele dispara na pista, parece que voa. Cada movimento é preciso, cada músculo em sincronia, e nada nele parece estar fora do lugar. Talvez você se impressione em saber que ele pesa aproximadamente 94 kg, o que é bem incomum para velocistas como ele, que geralmente são mais baixos e leves. Quando corre, Bolt se move com tanta fluidez que dá a impressão de ser mais leve do que realmente é.

A leveza é um item indispensável a qualquer esporte de velocidade, de um velocista a um corredor de Fórmula 1. Tudo é pensado para ser o mais leve possível — a roupa, os equipamentos e, claro, o próprio corpo do atleta. Quanto mais leve, mais livre, mais rápido.

Além de todo o conhecimento técnico relacionado ao seu esporte, e ao preparo físico, desenvolvendo os músculos e habilidades necessários, um atleta de velocidade está sempre atento à balança. Ele cuida da alimentação, da ingestão de água e até da rotina. Tudo isso é revisto para que, no dia da prova, ele esteja na sua melhor forma física, carregando na composição do próprio corpo apenas o peso indispensável. Qualquer peso extra, por menor que seja, pode comprometer o desempenho.

A caminhada da vida, em especial a caminhada cristã, é comparada diversas vezes a uma maratona. Acredito que seja, pelo menos, por dois motivos: porque é uma prova de longa distância, que requer perseverança e fôlego para chegar até o final, e também porque é uma prova que requer leveza. Algumas pessoas, na maratona da vida, se apresentam para a prova carregando uma mochila cheia de pedras.

Cada pedra é uma mágoa, um arrependimento, uma frustração, uma vergonha, um trauma. São experiências do passado que o homem vai carregando ao longo da vida e que tornam a jornada mais árdua e cansativa do que deveria ser.

Precisamos nos livrar desse peso extra para completar nossa corrida e construir o legado que queremos deixar às futuras gerações. Que o que elas carregarem de nós seja também leve.

NÃO FIQUE PARADO NA DOR

Não basta apenas decidir largar o peso — é preciso saber onde ele nos fere.

Continuando no mundo dos esportes, no meio de uma partida de futebol é muito comum dois jogadores se chocarem em uma disputa de bola e pelo menos um deles (mas, geralmente, os dois) cair no chão com alguma contusão. Assistindo na própria televisão, a gente já tem uma ideia de onde o jogador se machucou: é onde ele coloca a mão. Mesmo assim, quando a equipe médica entra em campo para fazer o atendimento, o médico pergunta onde dói. O joelho? A coxa? A panturrilha? O médico não sai aplicando o medicamento na perna inteira. O mais eficaz é tratar onde dói.

Assim também é na vida emocional. Se não identificamos onde dói, onde a chuteira fez um calo, não conseguiremos seguir em frente. Não adianta ficar rolando no chão do campo com a mão na perna. Você precisa mostrar onde dói para ser tratado, se levantar e continuar a partida.

Em minhas sessões de atendimento a casais, encontro muitos homens que vivem paralisados na dor. Tornaram-se reféns de suas mágoas — o caso extraconjugal da esposa que o fez se sentir menos; o fracasso financeiro que o deixou inseguro; o pai que favorecia o irmão e criou nele a ideia de que é incompetente... São várias as histórias, mas todas com o mesmo resultado: um homem prisioneiro daquilo que ele não pode mais mudar.

> Vencer o passado só é possível quando se caminha para o futuro.

Vencer o passado só é possível quando se caminha para o futuro. Não precisa ser um passo grande, às vezes, só um tropeção para a frente já é o suficiente para mudar a vida.

Remoer o passado, colocar a culpa nos outros, se resignar a viver do jeito que está: nada disso melhora a vida. Temos de chamar para nós mesmos a responsabilidade de crescer e de nos livrar do peso que outros nos fizeram carregar. Não devemos colocar nos outros nossa expectativa de crescimento ou de uma vida melhor. *A expectativa é a mãe da frustração.* As pessoas têm grandes chances de falhar com a gente, assim como nós invariavelmente falhamos com elas. Sim, você falha também. Apenas Jesus é infalível, apenas Ele jamais irá nos decepcionar. Espere menos das pessoas e tudo de Jesus, e você poderá seguir em frente, sem carregar na mochila o peso que o machucou no passado.

DICOTOMIA DE CONTROLE

Na região em que cresci, no Nordeste do Brasil, temos muitos ditados populares. Alguns só fazem sentido para quem é dali mesmo. Um deles diz assim: "Se algo não tem solução, solucionado está".

A ideia central desse provérbio é simples, mas poderosa: se não existe opção, é porque não tem opção mesmo, então você não precisa se preocupar. Aquilo vai ficar do jeito que já está, e pronto.

Curiosamente, esse ensinamento popular encontra eco na filosofia, no conceito conhecido como "dicotomia do controle". Esse conceito tem origem no estoicismo, especialmente nos ensinamentos do filósofo Epicteto, do primeiro século. Ele ensinava que devemos distinguir entre o que está sob nosso controle (nossas ações e atitudes) e o que não está (como o comportamento dos outros ou eventos externos), concentrando nosso esforço apenas no primeiro. Hoje em dia, encontramos a dicotomia do controle nas palavras da famosa "Oração da Serenidade", frequentemente recitada em reuniões do AA: "Concedei-me, Senhor, a serenidade para aceitar as coisas que não posso mudar, coragem para mudar as coisas que posso, e sabedoria para distinguir uma da outra".

Ignorar a dicotomia de controle é se preocupar excessivamente com o que não se pode resolver, o que, no fim, nos deixa com a sensação de impotência. Muitos casos de ansiedade e estresse surgem exatamente desse esforço frustrado de tentar prever e controlar todos os resultados, em vez de focar no que realmente está ao seu alcance para gerar mudanças positivas.

Quando entendemos o que está fora do nosso controle e aceitamos isso com serenidade, temos mais energia para enfrentar os desafios e nos concentrar nas ações que realmente podem transformar nossa vida.

Desatar os nós do passado não significa mudar o passado, porque isso é impossível. O passado é imutável. Não está sob o nosso controle, portanto, não deveria ocupar nossas preocupações. O que está sob o nosso controle é o que vamos fazer com o que o passado nos legou. Como vamos tomar isso e elaborar de uma maneira ética e proveitosa, a fim de deixarmos um legado positivo.

Se você sente que tem se desgastado com coisas que não consegue resolver, aqui vai um exercício simples:

1. Liste suas preocupações.
2. Separe-as em duas colunas.

SOB MEU CONTROLE	FORA DO MEU CONTROLE

Esse exercício trará clareza e poderá ajudá-lo a lidar com seus desafios de maneira mais leve e consciente.

Na sequência, vou tratar de dois temas que tenho visto com mais frequência como "pedras" que os homens carregam na mochila da vida. Talvez você se veja em um deles, ou em uma combinação dos dois, que se amalgamaram em uma pedra grande e pesada.

PROBLEMAS DE PATERNIDADE

Um forte nó que impede o homem de se libertar e alçar voo é a questão da paternidade. No Brasil, a ausência do nome do pai no registro de nascimento é um fenômeno que afeta milhões de pessoas. Dados do Conselho Nacional de Justiça (CNJ) indicam que mais de 5,5 milhões de brasileiros foram registrados apenas com o nome da mãe, sem o reconhecimento paterno formal.[1] Essa realidade impacta significativamente a formação da identidade e o bem-estar emocional de crianças e adultos. A ausência paterna pode levar a sentimentos de abandono, dificuldades nos relacionamentos e desafios na construção da autoestima.

Quando vivemos como órfãos, quer por um pai ausente ou desconhecido, quer por um pai que realmente faleceu, sofremos com crises de identidade e ficamos presos a situações do passado. Revisitamos essas lembranças frequentemente, girando ao redor dessa âncora emocional, sem conseguir dar um passo na direção de nosso destino e do cumprimento de nosso chamado.

A paternidade é o ponto de partida da identidade de um ser humano. Saber de onde viemos é um enorme passo na direção de sabermos quem somos, qual é o nosso papel e para onde devemos ir. A paternidade humana nos faz crescer sob a referência de alguém que exerce, dentro de seus limites, um papel de proteção, apoio e direção.

Dificilmente uma pessoa cresce sem colocar alguém na posição que deveria ser a do pai: um irmão mais velho, um tio, um avô, um

---

[1] METRÓPOLES. *Dia dos pais pra quem? Com 80 mil crianças sem pai, abandono afetivo cresce.* Disponível em: https://www.metropoles.com/brasil/dia-dos-pais-pra-quem-com-80-mil-criancas-sem-pai-abandono-afetivo-cresce. Acesso em: 24 abr. 2025.

novo marido da mãe — alguém irá ocupar o espaço. Mas isso, talvez, não impeça os desafios que podem surgir quando o homem, na idade adulta, se depara com a paternidade real: quando ele se torna pai ou quando precisa lidar com Deus como seu Pai.

A verdade é que, com pai ou sem pai, a paternidade de Deus é o ponto de partida para definir e ressignificar todas as experiências de paternidade. Deus é o Pai que esteve, e está, presente em todos os momentos da sua história. E esteve lá como Pai. Talvez você não tivesse condições de vê-lo na época. Hoje, porém, você pode revisitar seu passado — não para procurar culpados nem para encontrar justificativas para seu jeito de ser, mas para buscar a presença de Deus em cada episódio dolorido. A presença de Deus em sua história pode ser o ponto pelo qual você dá novo ressignificado às feridas do passado.

Essa foi a conclusão de Jó depois de todo o sofrimento. Ele não entendeu o porquê de ter vivido tudo o que viveu, mas ele entendeu que Deus estava presente em tudo. Ressignificando sua dor passada, ele declarou:

> Sei que podes fazer todas as coisas; nenhum dos teus planos pode ser frustrado.
> Eu te conhecia de ouvir falar, mas agora os meus olhos te veem (Jó 42:2,5).

Vá até o Pai, e deixe-se ser curado por Ele. Aceite a liderança espiritual de Deus. Busque conhecer a Deus como um Pai verdadeiramente amoroso, que está de braços abertos, pronto para chamá-lo de filho.

PERDÃO: O REMÉDIO PARA A ALMA FERIDA

Quando falo sobre perdão em minhas palestras, proponho uma dinâmica muito simples. Se puder, faça-a enquanto lê este texto.

1. Pegue um copo.
2. Encha o copo de água.
3. Segure o copo com o braço esticado, pelo tempo que conseguir.

DESATANDO OS NÓS DO PASSADO

Quantos minutos você conseguiu ficar com o braço esticado? Certamente no início foi moleza. No entanto, à medida que o tempo foi passando, o copo pesou, seu braço cansou até que se tornou insustentável. O peso do copo não mudou, mas cada minuto passado o transformou em um fardo.

Assim também são as mágoas não resolvidas. Elas podem começar pequenas, quase insignificantes. Mas quando não são tratadas, se acumulam e se tornam um estorvo emocional. Muitas vezes, ignoramos ou suprimimos as mágoas, achando que poderemos lidar com elas depois. No entanto, como o braço esticado segurando o copo, essa atitude só nos enfraquece.

Liberar o perdão — inclusive a nós mesmos — é essencial para se viver com leveza. Perdoar não é apenas um ato de misericórdia com o outro, mas um gesto de cura para si. E nessa jornada, há dois tipos de perdão que você deve conceder: a si mesmo e aos outros.

Perdoe-se

Na jornada da cura, é fundamental que você também se perdoe. Entenda que todos os homens erram, não apenas você. Errar faz parte da experiência humana. Pare de se cobrar tanto para ser a pessoa perfeita que você não pode ser, nem poderia ter sido, nem jamais será. Olhe para o espelho com compaixão e diga: "Cara, eu te perdoo". E siga em frente.

Nos momentos em que me vejo preso na falta de perdão, utilizo um passo a passo que aprendi com minha esposa, e que se traduz no acróstico RAMPA:[2]

---

[2] Extraído de MARINHO, *A mulher que eu quero ser*, p. 154.

R	*Reconheça e aceite os erros cometidos*	Se tem um lugar ao qual não voltaremos é o passado. Reconheça o que aconteceu e também que, agora, você precisa prosseguir.
A	*Assuma a responsabilidade por suas ações*	Apenas uma pessoa é responsável pela sua vida: você mesmo. Assuma a responsabilidade e pare de culpar os outros, pois encontrar culpados pode trazer alívio, mas não resolve o problema.
M	*Mas não se cobre tanto*	Pratique a compaixão consigo mesmo.
P	*Perdoe-se e siga em frente*	Essa é a decisão mais importante. Sem perdoar a si mesmo, você ficará preso ao passado.
A	*Aprenda com os erros e busque o crescimento pessoal*	Os acontecimentos são bênçãos ou lições. Ganhamos ou aprendemos com eles.

Perdoe o outro

Em várias fases da vida precisaremos perdoar outras pessoas. Quase sempre, os que mais precisamos perdoar são justamente aqueles mais próximos: esposa, filhos, pais, parentes, amigos. Dificilmente será um estranho. Talvez, por isso, praticar o perdão seja tão difícil: no fundo, achamos que aquela pessoa não poderia ter nos ferido. Criamos um bloqueio, pensamos que não temos forças e que não vamos conseguir perdoar.

> Onde a porta se fecha para o perdão, abre-se uma avenida para a amargura, e o destino é uma vida solitária, cheia de dor, decepção e desilusão.

Mas saiba que o perdão não é um sentimento, é uma escolha. Onde a porta se fecha para o perdão, abre-se uma avenida para a amargura, e o destino é uma vida solitária, cheia de dor, decepção e desilusão. Adiar o perdão não melhora nada, só atrapalha. Alguém já disse que não perdoar é como tomar veneno e esperar que o outro morra — e é verdade. Minha esposa, sempre magnífica, escreveu que: "Perdoar, embora nem sempre seja fácil, é imprescindível para a saúde de todas as relações e para a nossa própria saúde mental e espiritual".[3]

Tenho percebido que, às vezes, as pessoas não perdoam simplesmente porque não entendem o que é o perdão. Então, vamos esclarecer:

PERDÃO NÃO É:	PERDÃO É:
• **Ingenuidade:** Perdoar não é fingir que o mal não existe, ou que não foi praticado contra você. • **Permitir o pecado:** Perdoar não é se submeter à ofensa repetidamente. • **Aprovar o pecado cometido:** Perdoar não significa fingir que "não foi nada". • **Esperar o arrependimento do outro:** Muitas vezes, a pessoa que nos feriu nunca vai pedir desculpas. • **Anistia:** Perdoar não significa abrir mão da justiça. É possível perdoar e ainda assim buscar reparação legal quando necessário. Deus é justiça.	• Reconhecer relacionamentos afetados. • Reconhecer a dor, mas não deixá-la dominar. • Estender a mão com intenção de recuperar o ofensor. • Restaurar a confiança perdida. • Reestabelecer a harmonia. • Estar disposto a construir um novo começo. • Ouvir uma confissão com sinceridade, sem minimizar a dor. • Assumir o compromisso de não trazer o assunto de volta.

Quando perdoamos, deixamos as feridas cicatrizarem. Como escreveu o pastor Carlito Paes, "Um discípulo de Cristo pode andar com cicatrizes, mas nunca com uma ferida".[4] A Palavra de Deus nos exorta: "Suportem uns aos outros e perdoem as queixas que tiverem uns contra os outros. Perdoem como o Senhor os perdoou" (Colossenses 3:13). Perdoe. É chegada a hora de seguir. Deus é nossa fonte de cura!

---

[3] MARINHO, *A mulher que eu quero ser*, p. 46.
[4] PAES, Carlito. *Homens imparáveis*, p. 119.

Deixe Deus agir

A vida da árvore está na raiz. A menos que seja arrancada, a árvore voltará a crescer e, com o tempo, se tornar até maior do que antes. Assim também é com a falta de perdão: ela cresce e se torna um enorme e espinhoso arbusto de amargura, que fere você por dentro e mantém os outros à distância.

Para se libertar das frustrações, decepções, raiva, feridas e tristeza, é preciso remover a raiz. A única forma de fazer isso é perdoando.

De forma simples, o perdão pode ser dividido em duas etapas:

1. *Perdão natural:* Essa é a etapa cognitiva, a decisão consciente de perdoar. Você e eu podemos, e devemos, tomar essa decisão. Trata-se de uma escolha racional, um posicionamento da vontade.
2. *Perdão sobrenatural:* Essa etapa é realizada por Deus. É Ele quem entra, toca nas áreas mais profundas e cura as feridas. É quando o Senhor faz aquilo que nenhum de nós seria capaz de realizar por conta própria.

Na junção dessas duas dimensões está o segredo de uma vida verdadeiramente livre. Quando deixamos de tentar tomar o lugar de Deus, achando que cabe a nós tratar tudo sozinhos, e simplesmente escolhemos obedecer, perdoando de coração, confiamos que Deus fará a parte dele nessa jornada.

Quem perdoa abre as portas para uma nova oportunidade. Abandone o filme antigo da sua vida... Chegou a hora de passar para um novo capítulo.

FERIDA NÃO SARA SOZINHA

Todo massagista de time de futebol tem um aerossol quase mágico. O jogador cai no chão, gritando de dor, e faz uma careta que dá até a impressão de que ele quebrou a perna. Mas assim que o massagista chega e aplica o aerossol, pronto: o jogador volta ao campo como se nada tivesse acontecido.

Assim também é em nossa vida, embora não seja tão rápido e mágico quanto em um jogo de futebol: quando reconhecemos que temos uma ferida e a tratamos, o processo de cura começa.

Não podemos agir como crianças, mexendo constantemente na ferida, arrancando a casquinha, porque assim ela nunca irá cicatrizar. Pode até ficar pior. Também não podemos esconder a ferida. Tem gente que acha que, se não estiver vendo, não dói. Na verdade, ela até pode esquecer um pouco da dor. Pode cumprimentar as pessoas com um sorriso e responder: "Tá tudo bem", mesmo que não esteja. Precisamos entender que está tudo bem em não estar "tudo bem". A vida dói, e é mais saudável pedir ajuda do que fingir que nada aconteceu.

Se não tratarmos a ferida, se continuarmos a escondê-la, sabe o que vai acontecer? Quando alguém encostar sem querer no machucado, sentiremos dor. A ferida reabre e a cura se torna cada vez mais difícil. E nós, por medo de nos machucarmos de novo, evitamos as pessoas. Muitas vezes, somos intolerantes e agressivos com quem, sem saber, apenas esbarra na dor que ainda carregamos.

Se você não tratar suas feridas, terminará sangrando sobre pessoas que não o machucaram. Quantos pais, carregando feridas não tratadas, acabaram sangrando sobre os filhos? E esses filhos cresceram marcados por dores que não eram nem as suas.

> Se você não tratar suas feridas, terminará sangrando sobre pessoas que não o machucaram.

Não se esqueça: é melhor tratar a ferida hoje do que ter de amputar um membro amanhã.

NO JOGO DA VIDA, OU SE GANHA OU SE APRENDE

Márcia comenta que sempre ouvia dizer que, na vida, ou se ganha ou se perde. Ela ressignificou essa frase: na vida, ou a gente ganha, ou a gente aprende. Porque mesmo nas supostas perdas da vida existe o aprendizado. Quando pararmos para refletir sobre cada queda, não cairemos mais no mesmo lugar.

O deserto, para Moisés, foi o tempo de preparação para se tornar o libertador do povo de Israel. A prisão, para José do Egito, foi seu estágio para ser governador. Muitos homens inspiradores da Bíblia passaram por momentos de dor que os moldaram para se tornarem as pessoas que nasceram para ser. Foi nesse processo que eles viveram o seu treinamento.

Precisamos aprender com o que vivemos, com as dores que nos forjaram para sermos quem somos. Hoje, tenho como propósito de vida o ministério de casais e famílias porque essa era minha maior dor. Foi onde sofri, onde enfrentei os maiores desafios da vida. Foi nesse cenário que Deus me preparou, transformando o improvável em alguém que, hoje, pode ensinar aos outros e mostrar que, apesar de mim, Deus realiza sua obra.

Eu não teria a mínima condição de ter o casamento e a família que tenho hoje se Jesus não tivesse me salvado. Foi o encontro de Jesus com um improvável como eu que impulsionou esse ministério, que tem abençoado tantas famílias.

> Não faça da sua dor sua identidade, mas uma ponte para a transformação.

Quero convidá-lo a avaliar o seu passado sob uma nova perspectiva. Não faça da sua dor sua identidade, mas uma ponte para a transformação. É chegada a hora de transformar suas mágoas em sabedoria. Aquilo que doeu era matéria-prima para abençoar outras vidas. As dores que enfrentamos não são o fim da linha — elas podem se tornar o alicerce de vidas restauradas e histórias impactantes. Ao olharmos para trás com gratidão e maturidade, abrimos espaço para viver com mais leveza, propósito e amor. E é justamente nos relacionamentos que esse amadurecimento se revela de forma mais intensa. Na próxima parte, vamos explorar como construir conexões saudáveis, fortalecer vínculos e viver a arte de se relacionar bem — um chamado essencial para quem deseja refletir o coração de Deus no mundo.

ORAÇÃO DE FORÇA E LEGADO

Senhor, entrega em minhas mãos as chaves para libertar meu coração das prisões do passado. Ajuda-me a perdoar, a curar feridas antigas e a deixar para trás tudo o que impede meu avanço. Que nenhuma dor, trauma ou fracasso me defina. Quero viver a novidade de vida que há em ti. Que eu transforme dores em lições, cicatrizes em testemunhos e fraquezas em força. Usa meu passado redimido como parte do legado que deixarei. Em nome de Jesus, amém.

HOMEM DE REFLEXÃO

1. Quais feridas ou experiências do passado ainda têm influência sobre minhas atitudes hoje?
2. Tenho deixado o ressentimento e a dor definirem quem eu sou?
3. Que relacionamentos ou eventos preciso entregar ao perdão de Deus?
4. Como posso transformar minhas cicatrizes em testemunhos de vitória e não em prisões?
5. Em que área eu preciso clamar por cura para seguir adiante mais leve?
6. Estou disposto a aceitar a restauração que Deus deseja operar em minha história?
7. Qual legado diferente quero construir a partir da superação do meu passado?

BIOGRAFIA DE FORÇA E LEGADO

Davi

Força no arrependimento, legado segundo o coração de Deus

Davi é conhecido como o homem segundo o coração de Deus — um título que revela tanto sua humanidade quanto sua devoção. Pastor de ovelhas, guerreiro valente, músico sensível e rei ungido, sua vida é um retrato completo da masculinidade bíblica: imperfeita, mas rendida ao Senhor.

Desde muito jovem, Davi demonstrou coragem diante dos desafios. Enfrentou o gigante Golias com uma fé que não confiava na armadura, mas no Deus dos exércitos. Sua força não estava na espada, mas na convicção de que Deus luta por seus filhos. No entanto, sua grandeza não está apenas nas vitórias, mas também em como reagiu às quedas.

Davi pecou gravemente — e sofreu as consequências. Mas sua resposta foi arrependimento sincero, quebrantamento e retorno ao Senhor. Ele nos ensina que um homem forte não é aquele que nunca erra, mas aquele que reconhece suas falhas e se humilha diante de Deus. Seus salmos continuam ecoando nas orações dos fiéis como expressões autênticas de dor, confiança e louvor.

Seu legado permanece na aliança que Deus firmou com ele, apontando para o Messias, filho de Davi, que reinaria para sempre. Davi nos mostra que o verdadeiro legado de um homem está em permitir que Deus o molde, o restaure e o use — mesmo com todas as suas cicatrizes.

• FASE 3 •

CONECTANDO CORAÇÕES: A JORNADA DOS RELACIONAMENTOS

• CAPÍTULO 10 •

A ARTE DE SE RELACIONAR BEM

AVES ATRAVESSAM UM CÉU azul cintilante, agrupada em uma formação em V. Esse é um espetáculo da natureza que me encanta. A visão é majestosa e inspiradora.

Gansos canadenses costumam voar assim. Eles migram do norte ao sul, percorrendo milhares de quilômetros em busca de climas mais amenos. Sua viagem em grupo não é uma mera busca por companhia; há ciência e sabedoria divina envolvidas. Cada vez que um ganso canadense bate as asas, ele cria um vácuo que dá velocidade ao ganso que vem atrás. Voando em "V", o bando aumenta a eficiência de voo em 71%, se comparado a um ganso voando sozinho.

Durante o voo, os gansos de um bando se comunicam constantemente entre si. Eles emitem sons para encorajar o ganso da ponta a manter a velocidade e a direção. Essa comunicação é vital para manter o grupo em unidade e sincronia. Outra característica notável dos gansos canadenses é o revezamento. Quando o que está na ponta da formação se cansa — afinal, ele está quebrando a resistência do ar sozinho —, ele se desloca para uma posição anterior e outro ganso assume a ponta. Essa troca permite que o grupo continue a avançar sem perder força.

Os gansos canadenses também são monogâmicos. Formam pares que se mantêm o mesmo ao longo de toda a vida. Esse vínculo duradouro não só fortalece a parceria durante a migração, mas também é crucial para a proteção dos filhotes. Cada casal se reveza na construção do ninho, na incubação dos ovos e na proteção dos filhotes. Esse é um exemplo poderoso de lealdade e compromisso que nos lembra como relacionamentos fortes e fiéis são fundamentais para uma vida plena.

Por fim, quando um ganso fica doente ou ferido, dois gansos deixam a formação e seguem o colega debilitado para protegê-lo. O trio permanece unido até que o ganso doente seja capaz de voar novamente, ou até que ele morra. Só então eles se juntam a outro bando ou alcançam o bando original.

O QUE OS GANSOS NOS ENSINAM

A colaboração entre os gansos é uma metáfora poderosa para a nossa vida. Eles ilustram a importância de encorajarmos uns aos outros, especialmente nos momentos de dificuldade. Tratam do valor de compartilhar responsabilidades e de permitir que outros nos guiem quando necessário. Exemplificam a lealdade e o compromisso, mostrando-nos o valor de estar presente e ajudar nossos irmãos nos momentos de necessidade. O modo de vida dos gansos canadenses é uma parábola viva de como o sucesso e a sobrevivência dependem da cooperação, do encorajamento e da disposição de ajudar uns aos outros.

A Bíblia ensina que, desde o princípio, "Não é bom que o homem esteja só" (Gênesis 2:18). Mas os homens, em geral, quando ficam adultos, têm muita dificuldade em pedir apoio e em manter um grupo que os sustente.

Fazer parte de um grupo é algo de que você e eu também precisamos usufruir. Você já deve ter escutado que quem vai sozinho pode chegar mais rápido, mas quem vai junto chega mais longe. Homens precisam aprender que não devem buscar a solução de tudo sozinhos. Podem e devem contar com a família, com os amigos e com a igreja. Unidos a outras pessoas, venceremos os desafios da vida mais facilmente.

Jesus ensina que toda a lei do Antigo Testamento, que está espalhada ao longo dos livros de Gênesis, Êxodo, Levítico, Números e Deuteronômio, resume-se em apenas duas coisas. Só duas. Você não precisa decorar os cinco livros da lei para obedecer a Deus. Só precisa memorizar duas frases e vivê-las:

> "Ame ao Senhor, o seu Deus, com todo o seu coração, com toda a sua alma e com todo o seu entendimento". Este é o primeiro e maior mandamento. E o segundo é semelhante a ele: "Ame ao seu próximo como a você mesmo" (Mateus 22:37-39).

Relacionar-se bem é a chave para se viver bem. Precisamos encantar as pessoas com as quais convivemos, levando-as a sentir o bom perfume de Cristo em nossa vida. As pontes que precisamos criar em nossos relacionamentos são claramente vistas na Bíblia, que exorta diversas vezes o "uns aos outros":

- *Amar uns aos outros:* "Um novo mandamento dou a vocês: Amem uns aos outros. Como eu os amei, vocês devem amar uns aos outros" (João 13:34).
- *Servir uns aos outros:* "Irmãos, vocês foram chamados para a liberdade. Contudo, não usem a liberdade para dar ocasião à carne, mas sirvam uns aos outros por meio do amor" (Gálatas 5:13).
- *Consolar uns aos outros:* "Portanto, consolem-se uns aos outros com essas palavras" (1Tessalonicenses 4:18).
- *Orar uns pelos outros:* "Portanto, confessem os seus pecados uns aos outros e orem uns pelos outros para serem curados. A oração de um justo é poderosa e eficaz" (Tiago 5:16).
- *Estimular uns aos outros:* "Importemo-nos uns com os outros para nos incentivarmos ao amor e às boas obras" (Hebreus 10:24).
- *Perdoar uns aos outros:* "Sejam bondosos e compassivos uns para com os outros, perdoando-se mutuamente, assim como Deus os perdoou em Cristo" (Efésios 4:32).

Ao repetir tantas vezes essa expressão, em contextos variados, a Bíblia sublinha a importância dos relacionamentos. Eles são necessários para vivermos da forma que Deus nos criou para viver.

Nos próximos capítulos, iremos aprender mais sobre cada um dos relacionamentos que um homem tem em sua vida. Afinal, a arte de se relacionar bem é fundamental para uma vida plena, abençoada e para deixarmos um legado de valor.

Enquanto lê, reflita sobre estes pontos:

- Como posso aplicar essas verdades em meus relacionamentos?
- Como posso ser um companheiro melhor, um pai mais presente e um amigo mais encorajador?

Antes de fortalecer qualquer outro relacionamento, devemos começar pelo mais essencial: nosso relacionamento com Deus. É do coração do Pai que fluem a sabedoria, o amor e a força necessários para amarmos, servirmos e perdoarmos uns aos outros. Sem essa conexão profunda e constante com Ele, todos os outros laços ficam frágeis. No próximo capítulo, vamos refletir sobre como buscar verdadeiramente o coração de Deus — a fonte de toda transformação e plenitude que desejamos para nossa vida.

ORAÇÃO DE FORÇA E LEGADO

Pai, ensina-me a amar como tu amas, a escutar com atenção, a falar com sabedoria e a agir com empatia. Que eu seja um construtor de pontes, alguém que cultiva relacionamentos saudáveis e duradouros. Que minha presença leve paz, minha palavra leve vida e minha atitude promova unidade. Ajuda-me a lidar com conflitos com maturidade e a buscar reconciliação sempre que possível. Que o legado que deixo também se manifeste na forma como trato as pessoas. Em nome de Jesus, amém.

HOMEM DE REFLEXÃO

1. Tenho sido intencional em construir relacionamentos saudáveis?
2. Como posso ouvir melhor as pessoas ao meu redor?
3. Tenho buscado resolver conflitos com humildade e disposição para perdoar?
4. De que forma posso ser um agente de reconciliação nos ambientes em que estou?
5. Como meus relacionamentos refletem minha maturidade espiritual?
6. Que tipo de influência tenho exercido sobre meus amigos e colegas?
7. Que hábitos práticos posso adotar para me tornar um construtor de pontes em vez de muros?

BIOGRAFIA DE FORÇA E LEGADO

Esdras

Força no estudo, legado na restauração espiritual

Esdras foi um escriba, mas não apenas um estudioso — foi um homem de profunda devoção e coragem. Em tempos de reconstrução, após o exílio na Babilônia, ele entendeu que não bastava reedificar os muros e o templo: era preciso restaurar o coração do povo. Sua força estava na fidelidade à Palavra de Deus e na disposição de aplicá-la à própria vida antes de ensiná-la aos outros.

Sacerdote e escriba habilidoso, Esdras liderou uma caravana de retorno a Jerusalém e promoveu um avivamento espiritual entre os exilados. Ele "tinha decidido dedicar-se a estudar a lei do Senhor, e a praticá-la, e a ensinar os seus estatutos e ordenanças aos israelitas" (Esdras 7:10). Essa tríade — estudar, praticar e ensinar — resume sua masculinidade bíblica: um homem que lidera pelo exemplo, não apenas por palavras.

Esdras enfrentou oposição, confusão e o peso de confrontar pecados enraizados entre o povo. Mas sua firmeza era temperada com humildade e oração. Chorou publicamente, intercedeu em favor da nação e chamou os líderes ao arrependimento e à obediência.

Seu legado é o de um homem que compreendeu o valor da Palavra como fundamento de uma nação. Ele nos mostra que a força de um homem também está na sua mente e no seu coração — e que liderar com a verdade é uma das formas mais poderosas de transformar o mundo ao redor.

• CAPÍTULO 11 •

EM BUSCA DO CORAÇÃO DE DEUS

O MAIOR CHAMADO DO SER humano é amar aquele que nos amou primeiro. Isso é lindo, porque Deus é amor. Ele nos convida a buscá--lo de todo o coração. O relacionamento com seu Criador é o maior e principal relacionamento que devemos ter na vida. Quando vivemos essa relação em plenitude, os demais relacionamentos fluirão mais facilmente.

Você e eu sabemos que todo homem gosta de conquistas. Marcar um gol no futebol com os amigos, passar de fase em um jogo de videogame, dar o primeiro beijo na namorada ou receber o primeiro salário são conquistas que embalam e empolgam nossa história. Somos movidos por desafios. Mas nenhuma conquista da vida será mais importante do que encontrar o coração de Deus. Achegar-se a Ele, se entregar totalmente e amá-lo com todas as suas forças deve ser o seu maior objetivo.

> Todo ser humano tem, em seu coração, um vazio do tamanho de Deus, uma falta que só Deus pode suprir.

Todo ser humano tem, em seu coração, um vazio do tamanho de Deus, uma falta que só Deus pode suprir. Por isso, esse relacionamento é prioritário em nossa vida. Nosso grande problema é procurar em outras coisas e em outras pessoas algo que somente Deus pode nos dar.

Quem não conhece um homem que conquistou tantas mulheres quantas quis, mas se sente um nada quando está em casa, sozinho? Ou alguém que comprou o carro mais caro que o dinheiro poderia lhe dar, mas ficou entediado depois de uma semana e está em busca de outro carro ainda mais caro? Amigo, nada contra quem compra um carro ou conquista o amor de mulher que lhe atrai, mas a vida não pode se resumir a isso. São conquistas que não satisfazem.

O teólogo A. W. Tozer diz: "Qualquer um que busque outras coisas, e não a Deus está por conta própria. Ele pode até ser capaz de alcançar as coisas que busca, mas nunca terá Deus, pois Ele jamais é encontrado por acidente".[1] O grande filósofo e pensador cristão Agostinho de Hipona, refletindo sobre a busca humana por Deus, afirma: "Pois tu nos criaste para ti, e nosso coração não conseguirá se tranquilizar até que encontre descanso em ti"[2]. Enquanto não buscarmos o amor de Deus, estaremos correndo atrás de conquistas equivocadas, que, quando alcançadas, ainda nos deixam vazios.

NÃO TEM PREÇO

Em 1997, uma bandeira de cartão de crédito lançou uma campanha publicitária que marcou gerações. Ela dizia: "Há coisas que o dinheiro não compra; para todas as outras, existe o cartão de crédito". A campanha alcançou uma geração de pessoas que valorizam mais o que o dinheiro pode comprar do que as coisas que não têm preço. Ouvimos, desde a infância, que precisamos vencer na vida, que temos que ganhar dinheiro, que não podemos passar por dificuldades, que precisamos dar segurança aos nossos filhos, e, quando menos esperamos, estamos presos na roda da vida, trabalhando feito condenados, adoecendo enquanto trabalhamos e deixando de focar no que realmente é importante.

O relacionamento com Deus não tem preço. Ele não pode ser comprado.

O chamado para amar a Deus com todo o coração, toda a alma e todo o entendimento começa na obra de Deus por nós. Ele demonstrou o maior amor do mundo. Ele nos amou, por assim dizer, com todo o coração dele, com toda a alma e com todo o entendimento. Ele entregou o próprio filho para morrer na cruz em seu lugar. A cruz era para você e para mim, mas Jesus ocupou nosso lugar por amor.

---

[1] TOZER, A. W. *Homem: o local onde Deus habita*, p. 66.
[2] AGOSTINHO. *Confissões*, Livro 1, cap. 1, parágrafo 1.

Porque Deus tanto amou o mundo que deu o seu Filho Unigênito, para que todo aquele que nele crer não pereça, mas tenha a vida eterna" (João 3:16).

> O amor de Deus por nós não diz respeito a quem somos, ao que fazemos nem ao que deixamos de fazer, mas a quem Ele é.

O amor de Deus por nós não diz respeito a quem somos, ao que fazemos nem ao que deixamos de fazer, mas a quem Ele é. A escritora Joyce Meyer comenta que "O amor de Deus não é apenas um dos seus atributos, mas é o centro de todas as suas atividades. Ele é o cerne, o centro, a essência da natureza de Deus".[3] Não há absolutamente nada que possamos fazer para levar Deus a nos amar mais, nem há nada que deixemos de fazer que o leve a nos amar menos.[4] Trata-se de um amor incondicional (Romanos 5:8), uma expressão única daquele que é o próprio amor (1João 4:8), que nos amou mesmo antes que o mundo existisse (Efésios 1:4) e que nos protege durante toda a nossa existência (Salmos 36:7). Precisamos estar em sintonia com esse amor, buscando nos encher dele a cada dia. O estoque de Deus é infinito; tudo o que devemos fazer é pedir que Ele o derrame sem medidas sobre nossa vida.

O MANUAL DO FABRICANTE

Eu nunca fui bom com trabalhos manuais. Sou aquele tipo de homem que, para trocar uma resistência de chuveiro, chama um eletricista. Para a lâmpada, eu não preciso de ajuda, ok? Isso, eu consigo trocar sozinho. Mas para coisas como reforma, montagem ou consertos, tenho mais dificuldade. Eu sempre fui o garoto que gostava dos livros, que preferia estudar a brincar, que, na sala de aula, sentava-se lá na frente. Na região que eu nasci, alguns vão dizer que eu fui "criado com a vó" (mas não fui). Só fui mais apegado aos livros e incentivado pelos meus pais a estudar, para que eu tivesse um futuro melhor.

Esse gosto pelo estudo me fez notar, certa vez, uma estante para livros com tecnologia *smart*. Achei a ideia diferente, e comprei uma estante para ver como seria aquilo. A caixa chegou em casa uns dias

---

[3] MEYER, Joyce. *O amor da vida*, p. 19.
[4] BEVERE, John. *Extraordinário: a vida que Deus oferece*, p. 21.

depois, mas, quando abri, não tinha nenhum profissional para fazer a montagem. Só vieram as peças.

Liguei na Amazon para reclamar.

Brincadeira. Tentei eu mesmo montar a estante, já que estava ansioso para ver como ela funcionava. Olhava para a foto estampada na caixa e fui juntando as peças, parafusando aqui e ali, tentando chegar a um móvel igual ao da foto.

Depois de algumas horas de trabalho árduo, a estante estava montada. Sobraram várias peças e parafusos que eu não sabia onde deveria ter colocado, mas provavelmente eram peças sobressalentes. Coloquei meus livros e algumas peças de decorações na estante, que aguentou muito bem. No entanto, à medida que eu adicionava mais itens, ela começou a ficar instável. Uma prateleira cedeu, derrubando livros no chão e quase quebrando uma pesada peça de decoração de Márcia.

Percebendo que havia ali um problema que eu precisava resolver, fui vasculhar a caixa e percebi que, além das peças, o fabricante havia mandado um manual. Ele estava o tempo todo ali. Folheando, descobri que as peças que haviam sobrado não eram sobressalentes, mas se tratava de suportes essenciais para garantir a estabilidade da estante. Lendo o manual, também percebi que a estante tinha uma funcionalidade especial de ajuste de altura, algo que eu nem havia notado.

Aprendi duas coisas. Em primeiro lugar, ao ignorar o manual e montar a estante do meu jeito, além de ter tido muito mais trabalho, quase danifiquei o móvel e ainda perdi a oportunidade de utilizar todas as funcionalidades que ela oferecia. Em segundo lugar, eu deveria ter chamado um montador de móveis.

Creio que todo mundo, em algum momento da vida, já se deparou com um manual do fabricante. Eles vêm com os brinquedos das crianças, com os eletrodomésticos, com o carro, com os móveis que necessitam de montagem. O objetivo do manual é instruir o usuário sobre como utilizar o objeto da maneira que seu criador o planejou para ser usado, evitando que aquilo seja danificado pelo mal uso, e permitindo o usuário a usufruir de tudo o que ele tem para oferecer.

Assim como a minha estante *smart*, a vida vem com um "manual do fabricante": a Bíblia. Deus, nosso Criador, registrou em sua Palavra orientações que, se obedecidas, nos permitem viver de forma plena e evitar os problemas e instabilidades que derivam de não seguirmos suas instruções. Sem essa orientação, corremos o risco de "montar" a vida da maneira errada, perdendo as bênçãos e as funcionalidades que Deus planejou para nós.

A leitura da Bíblia é uma forma de se relacionar com Deus. Ela nos mostra como viver de modo a honrar o Criador Ela nos guia para uma vida plena e frutífera. Muitos homens, porém, enfrentam dificuldades porque desconhecem ou ignoram os ensinamentos bíblicos. Não ignore o manual do seu fabricante — leia a Bíblia e descubra o que Deus tem reservado para você. A escritora Elizabeth George exorta: "Precisamos ter certeza de que nossas ideias a respeito de Deus são corretas, bíblicas e verdadeiras. Pensamentos incorretos e não-bíblicos a respeito de Deus podem impedir seu poder em nossa vida".[5]

Deixo a seguir alguns conselhos práticos para você desenvolver o hábito de ler as Escrituras e meditar nelas:

Defina um objetivo de leitura

Coloque uma meta: ler um capítulo por dia, ou completar um livro no mês, ou mesmo fazer um plano de leitura bíblia no aplicativo da Bíblia.

O objetivo irá ajudá-lo a criar o hábito. Sugiro, porém, que você inicie por trechos mais curtos e conhecidos, para que a familiaridade o ajude a se manter firme em sua meta. Salmos e Provérbios, ou os Evangelhos, são boas pedidas para quem está começando.

Escolha um horário fixo

Determinar um momento para se encontrar com Deus por meio da oração e da leitura bíblica irá proporcionar a você uma rotina saudável. Pode ser logo pela manhã, no transporte ao trabalho, no intervalo do almoço ou à noite. O importante é manter a constância, para que se torne um hábito.

Faça anotações

Tenha um caderno, ou use um aplicativo de notas, para registrar os versículos que chamaram sua atenção. Quando escrevemos, as palavras são gravadas também no nosso coração com maior força do que se estivermos apenas lendo.

---

[5] GEORGE, Elizabeth. *Amando a Deus de todo o seu entendimento*, p. 18.

O PODER DA ORAÇÃO

A relação mais importante que teremos na vida é com Deus. Construí-la vai demandar tempo: tempo para conhecê-lo e tempo para se relacionar com Ele. Deus quer ser nosso amigo e quer estar conosco não apenas na rotina da igreja ou aos domingos, mas a todo momento. Para viver isso, é importante entender quem Ele é e permitir que Ele faça parte da nossa vida cotidiana.

Quanto mais tempo passamos com uma pessoa, mais iremos conhecê-la. Foi assim que você conheceu e desenvolveu confiança em seus melhores amigos; foi assim que criou as relações mais fortes que tem: investindo tempo. Meu relacionamento com Márcia começou em 1992 e investimos muito tempo na nossa vida conjunta. Por conta disso, há muitas situações nas quais nem preciso falar nada: basta apenas um olhar e Márcia já sabe o que estou pensando. O contrário é ainda mais verdadeiro: se eu estiver fazendo algo de que ela não gosta, um olhar dela já me diz tudo.

Se você entende que está sendo convocado a deixar um legado valioso, precisará investir tempo com seu criador. Tempo de relacionamento, para ouvir sua voz e partilhar seus desejos e anseios. Quando paramos para escutar a Deus e conversar com Ele, abrimos nosso coração ao maior poder do mundo. Desse modo, o tempo que passamos com Deus não é mero ato religioso, mas a construção de um relacionamento de amor, que nos leva a permitir e reconhecer seu agir em nossa vida.

Através da oração constante alcançamos orientação. A oração fortalece a fé, derrama paz e renova as forças espirituais. O pastor Hernandes Dias Lopes comenta: "Quando o homem trabalha, o trabalho é do homem; mas, quando o homem ora, é Deus quem trabalha".[6]

A oração é imprescindível tanto para as decisões importantes como para os pequenos desafios diários da vida. O reformador Martinho Lutero certa vez disse: "Eu tenho tanta coisa para fazer que vou passar as primeiras três horas em oração".[7] A maioria de nós, porém, no mundo corrido em que vivemos, age de forma contrária. Ocupamos nossa agenda com trabalho, séries, redes sociais, hobbies, atividades sociais e terminamos sem tempo para Deus.

---

[6] LOPES, *Homens de oração*, p. 14.

[7] Citado em STOCKSTILL, Larry. *Um homem exemplar*, p. 111.

FORÇA E LEGADO

A oração é uma linha direta com nosso Pai. É o momento de maior intimidade que poderemos desfrutar com Ele. Com a obra de Jesus, você não precisa de intermediários para falar com Deus, pode se conectar diretamente com Ele e aprofundar, cada dia mais, o relacionamento com seu Criador.

A Bíblia fala de diversos homens que tiveram a vida transformada pelo poder da oração. Cada um tinha um hábito particular em suas orações. Talvez você se identifique com algum deles:

Abraão levantava altares	"Ali edificou um altar ao Senhor e invocou o nome do Senhor" (Gênesis 12:8).
Moisés se ajoelhava pedindo orientação	"Moisés e Arão prostraram-se, rosto em terra, diante de toda a assembleia dos israelitas" (Números 14:5).
Davi suplicava perdão, abrindo o coração	"Tem misericórdia de mim, ó Deus, por teu amor; por tua grande compaixão, apaga as minhas transgressões" (Salmos 51:1).
Salomão orava pedindo sabedoria para julgar o povo	"Agora, Senhor meu Deus, fizeste o teu servo reinar no lugar de meu pai Davi. Mas eu não passo de um jovem e não sei o que fazer. Dá, pois, ao teu servo um coração cheio de discernimento para governar o teu povo e para distinguir entre o certo e o errado" (1Reis 3:7,9).
Daniel tinha uma rotina	"Três vezes por dia ele se ajoelhava e orava, agradecendo ao seu Deus, como costumava fazer" (Daniel 6:10).
Neemias intercedia	"Senhor, Deus dos céus, Deus grande e temível, que cumpres a aliança e és fiel aos que te amam e obedecem aos teus mandamentos, que os teus ouvidos estejam atentos e os teus olhos estejam abertos para a oração que o teu servo está fazendo diante de ti, dia e noite, em favor de teus servos, o povo de Israel" (Neemias 1:5-6).
Paulo orava em meio à tribulação	"Por volta da meia-noite, Paulo e Silas estavam orando e cantando hinos a Deus; os outros presos os ouviam" (Atos 16:25).

A oração, como qualquer outra atividade da vida, "exige tempo para ser dominada com maestria".[8] Para dominar a arte da oração na sua vida, recomendo as quatro atitudes delineadas pelo escritor Jim George,[9] que listo a seguir.

Tempo

Sim, sei que sua agenda é corrida, com milhares de afazeres. Mas a oração vale o tempo que você dedica a ela.[10] Aliás, a importância de tudo na nossa vida pode ser medido pelo tempo que dedicamos às coisas. Se você passa mais tempo nas redes sociais do que com Deus, isso claramente mostra o que tem mais valor na sua vida.

Quem define suas prioridades é você. Se entende que a oração é prioritária, irá arranjar um tempo especial para orar.

Lugar

Observando a rotina de Jesus, descobrimos que Ele separava um tempo e um lugar para adorar: "De madrugada, quando ainda estava escuro, Jesus levantou-se, saiu de casa e foi para um lugar deserto, onde ficou orando" (Marcos 1:35). Ter um quarto de oração — que pode ser desde um canto da casa até o volante do seu carro — é valorizar seu encontro com Deus, separando para isso um lugar especial.

Regularidade

Muito do que aprendemos na vida — dirigir um carro, andar de bicicleta, falar um idioma — aprendemos com a prática constante. O mesmo ocorre com a oração: aprendemos a orar orando, e orando sem cessar (1Tessalonicenses 5:17). Ter regularidade na oração é fundamental para fortalecer essa prática em nossa vida.

Criação do hábito

Incorporar a oração na vida diária é um processo que requer intencionalidade e dedicação. Mas ao construir nossa rotina em torno

---

[8] SANDERS, J. Oswald. *Liderança espiritual*, p. 123.

[9] GEORGE, J. *Um homem segundo o coração de Deus*, p. 49.

[10] BOUNDS, E. M. *Homens de oração*, p. 84.

desse momento, a vida muda completamente. Sinto que cada passo que dei na vida para aumentar meu tempo com Deus mudou totalmente a forma com que eu me relacionava com as outras pessoas.

JEJUM: TEMPO DE BUSCA INTENSA

Jejum é a prática de abster-se de alimentos ou de certas atividades por um período, com o propósito de buscar a Deus de maneira mais profunda. É uma disciplina espiritual que envolve oração, reflexão e busca de direção divina. Na Bíblia, o jejum é frequentemente associado a momentos de arrependimento, oração intensa e busca de orientação de Deus. Daniel é um exemplo clássico de alguém que praticou o jejum. Em Daniel 10:2,3, lemos sobre um jejum específico que ele fez: "Naquela ocasião eu, Daniel, passei três semanas chorando. Não comi nada saboroso; carne e vinho nem provei; e não usei nenhuma fragrância perfumada, até se passarem as três semanas".

Esse é um exercício espiritual que você pode desenvolver para aprofundar o relacionamento com Deus. A seguir, dou alguns passos práticos de como realizar o jejum

Entenda o propósito
Antes de iniciar um jejum, tenha claro em sua mente por que você está jejuando. O que você deseja com isso? Buscar a direção de Deus? Professar arrependimento? Interceder por uma pessoa? Entenda quais são suas razões espirituais para essa prática.

Defina o tipo de jejum
Assim como os motivos são variados, as formas de exercer o jejum também. Há três tipos de jejum:

- *Completo:* Abstinência total de alimentos, exceto água.
- *Parcial:* Abstinência de certos tipos de alimentos (como Daniel fez, abstendo-se de manjares delicados, carne e vinho).
- *De atividades:* Abstinência de uma atividade específica, por exemplo: usar de redes sociais ou assistir televisão.

Estabeleça a duração

Defina por quanto tempo você irá jejuar: um dia por semana durante tantas semanas; três dias seguidos; um mês inteiro. Não há regra, a única ressalva é o bom senso, considerando sua condição física, o relacionamento com as pessoas à sua volta e o propósito do jejum. Em caso de jejum de alimentos, é importante ter esclarecimento médico para não jejuar de maneira que possa afetar sua saúde. Esse não é o objetivo do jejum, e tal tipo de sacrifício inconsequente não é agradável a Deus.

Prepare-se espiritualmente

Acompanhe seu jejum com confissões de pecados. Peça a Deus para purificar seu coração e lhe dar forças para jejuar. Estabeleça momentos intencionais para orar e ler a Bíblia. Isso mantém o foco espiritual do jejum, diferenciando-o de uma mera restrição alimentar e fortalece seu relacionamento com Deus.

Seja discreto

Jesus orienta claramente a quem jejua:

> Quando jejuarem, não mostrem uma aparência triste como os hipócritas, pois eles mudam a aparência do rosto a fim de que os outros vejam que eles estão jejuando. Eu lhes digo verdadeiramente que eles já receberam sua plena recompensa. Ao jejuar, arrume o cabelo e lave o rosto, para que não pareça aos outros que você está jejuando, mas apenas a seu Pai, que vê em secreto. E seu Pai, que vê em secreto, o recompensará (Mateus 6:16-18).

Não faça alarde para mostrar que você está jejuando. Mantenha isso entre você e Deus.

Finalize com gratidão

Ao terminar o jejum, agradeça a Deus pelo período de busca e pelas respostas que Ele dará. Reintroduza os alimentos de forma gradual se tiver feito um jejum completo.

O jejum é uma ferramenta poderosa de disciplina espiritual que nos aproxima de Deus. Como homens cristãos, incorporar o jejum em nossa rotina espiritual desenvolverá maior sensibilidade à vontade de Deus e fortalecerá nossa caminhada com Ele.

ENTREGUE-SE TOTALMENTE A ESSE AMOR

Jesus diz: "Eis que estou à porta e bato. Se alguém ouvir a minha voz e abrir a porta, entrarei e cearei com ele, e ele comigo" (Apocalipse 3:20). Ele espera que nós abramos o coração para que Ele entre. Ele já está disposto a ter um relacionamento intenso e eterno conosco, cabe a nós entregar nosso ser totalmente a Ele. Como diz Elizabeth George, "Deus está pronto a assumir total responsabilidade pela vida que se entrega totalmente a ele".[11]

> Ele clama por um relacionamento pessoal e íntimo com cada um de nós. Se Ele não for o primeiro em nossa vida, não se contentará com o segundo lugar.

Entenda que Deus não quer você pela metade, não quer você só no domingo nem apenas nas atividades religiosas. Ele clama por um relacionamento pessoal e íntimo com cada um de nós. Se Ele não for o primeiro em nossa vida, não se contentará com o segundo lugar. É uma relação de entrega total. Deus não quer seu esforço, Ele quer sua contemplação. Quer uma vida de oração e de busca sincera pelo coração dele. Deus não se impressiona com sua força, mas com seu quebrantamento. Ele quer nos deitar em seu colo e ser chamado de paizinho. Quer ser buscado para estar perto de nós.

Vamos nos aproximar. Vamos para a grande conquista de nossas vidas. "Neste instante, você está tão próximo de Deus quanto deseja estar".[12] Busque o relacionamento com Deus como seu objetivo primeiro e mais importante. Com isso bem alinhado, pode cuidar, amar e se relacionar com a pessoa mais importante da terra: você mesmo.

---

[11] GEORGE, E. *Amando a Deus de todo o seu entendimento*, p. 58.
[12] MEYER, Joyce. *Crie bons hábitos, livre-se dos maus hábitos*, p. 35.

EM BUSCA DO CORAÇÃO DE DEUS

ORAÇÃO DE FORÇA E LEGADO

Senhor, desperta em mim o desejo profundo de te conhecer, não apenas de ouvir falar, mas de caminhar contigo todos os dias. Que minha prioridade seja estar na tua presença, aprender teus caminhos e alinhar meu coração ao teu. Dá-me sensibilidade espiritual para perceber tua direção, tua voz e tua vontade. Que a minha intimidade contigo transforme minha vida e inspire outros a também te buscarem com sinceridade. Em nome de Jesus, amém.

HOMEM DE REFLEXÃO

1. Tenho priorizado meu relacionamento com Deus ou vivido de forma superficial?
2. O que significa, para mim, buscar o coração de Deus diariamente?
3. Quais distrações têm me afastado da presença de Deus?
4. Tenho reservado tempo intencional para orar, ler a Bíblia e ouvir a voz de Deus?
5. Como posso cultivar uma fé mais profunda e constante?
6. De que forma minha intimidade com Deus tem moldado minhas atitudes?
7. Que mudanças práticas posso fazer para colocar Deus novamente no centro da minha vida?

Biografia de Força e Legado

Neemias

Força na liderança, legado na reconstrução

Neemias era copeiro do rei, mas tinha o coração voltado para o povo de Deus. Quando ouviu sobre a destruição de Jerusalém, não ignorou a dor — chorou, orou e jejuou. Sua força não começou nos muros que reconstruiu, mas na sensibilidade espiritual que o moveu a agir.

Homem de oração e planejamento, Neemias uniu fé e estratégia. Ele não apenas pediu a direção de Deus, mas também obteve recursos, montou equipes e enfrentou oposição. Sua liderança era firme, mas também pastoral: ele animava os trabalhadores, resistia aos inimigos e corrigia injustiças internas entre os próprios judeus.

A força de Neemias se revelava no silêncio da vigilância e no clamor das madrugadas. Ele liderava com coragem, mas sem perder a compaixão. Seu senso de missão ultrapassava as pedras do muro — alcançava a restauração da identidade espiritual do povo.

O legado de Neemias não é apenas arquitetônico, mas espiritual: ele mostrou que homens comuns podem fazer grandes obras quando têm um coração alinhado com Deus. Ele nos lembra que a masculinidade bíblica inclui proteger, prover e, acima de tudo, edificar — não apenas estruturas, mas vidas.

Neemias provou que o homem que ora, age e serve com integridade deixa um legado que permanece mesmo depois de encerrada a obra de suas mãos.

• CAPÍTULO 12 •

O HOMEM DO OUTRO LADO DO ESPELHO

NA BUSCA POR UMA VIDA melhor, iremos nos deparar com uma verdade às vezes difícil de aceitar: a pessoa com quem você mais se relaciona e da qual precisa mais cuidar é você mesmo. Muitas vezes, investimos mais tempo e energia no relacionamento amoroso, no relacionamento profissional ou mesmo no relacionamento com os filhos, e nos esquecemos do relacionamento que temos com aquele homem que aparece no espelho todos os dias à nossa frente.

Para mim, esse é o relacionamento mais difícil de todos. Talvez, por isso, negligenciamos o cuidado com essa relação. Não tem reunião de condomínio, conversa com cunhado, visita ao médico que seja mais difícil do que um relacionamento atento consigo mesmo; uma relação que observa e trata de nossos defeitos, angústias, dúvidas e desafios. É difícil se amar como se é e se aceitar apesar dos defeitos.

Muitos podem achar que dar menos atenção a si mesmo é uma atitude nobre e altruísta. Acham que não cuidar de si para cuidar dos outros é humildade. Mas veja que interessante a conclusão que o teólogo Henri Nouwen chega:

> Ao longo dos anos, vim a perceber que a maior armadilha de nossa vida não é sucesso, popularidade nem poder, mas a autorrejeição. Sucesso, popularidade e poder podem, de fato, oferecer uma grande tentação, mas seu caráter sedutor, em geral, provém da forma com que fazem parte da tentação bem maior que é a autorrejeição. Quando acreditamos nas vozes que nos chamam de inúteis e indignos de amor, então, o sucesso, a popularidade e o poder se mostrar

facilmente como soluções atraentes. A verdadeira armadilha, entretanto, é a autorrejeição. Surpreende-me o quanto eu cedo rapidamente a essa tentação. Assim que alguém me acusa ou me critica, tão logo que sou rejeitado, desprezado ou abandonado, me pego pensando: "Bem, isso prova, mais uma vez, que não sou ninguém". [...] Meu lado sombrio diz: "Não sou bom... Mereço ser ignorado, esquecido, rejeitado e abandonado".

[...]

A autorrejeição é o maior inimigo da vida espiritual porque contradiz a voz sagrada que nos chama de "amados". Ser o amado constitui a verdade essencial de nossa existência.[1]

A autorrejeição, no geral, é fruto da falta de autoconhecimento. O autoconhecimento é um dos grandes desafios do ser humano. Quantos de nós estudam para ter uma profissão, investem em cursos para ganhar mais dinheiro e se esquecem de conhecer a si mesmos? Minha esposa, Márcia Marinho, diz:

O autoconhecimento também tem a ver com descobrir a sua identidade em Cristo [...] A Bíblia diz que os planos que Deus tem para nós são numerosos (leia Salmos 40:5). No entanto, muitas vezes não os vivemos porque não entendemos nossa filiação, não conhecemos esse lado nobre de nossa vida. Lembre-se de que você foi formada e moldada por Deus (leia Salmos 139:13-15). Quando você sabe quem é, dificilmente o inimigo conseguirá envolvê-la por suas mentiras.[2]

A autorrejeição constrói uma barreira que nos impede de valorizar, amar e cuidar do que temos de mais precioso: o reflexo no espelho, a pessoa com quem mais convivemos. Ignoramos, porém, que a forma com que tratamos a nós mesmos é o que define a sua saúde emocional.

A autorrejeição pode se expressar na forma de algumas atitudes que impedem você de se relacionar bem consigo:

- Não estar no presente: viver preso ao passado ou ansioso pelo futuro. Esse comportamento traz opressão e impede a pessoa de viver o momento presente.

---

[1] NOUWEN, Henri. *Life of the Beloved*, p. 26-27.
[2] MARINHO, *A mulher que eu quero ser*, p. 89.

- Não se conhecer: não ser capaz de discernir suas habilidades, seu temperamento, suas preferências; não entender sua filiação em Cristo e sua identidade como filho de Deus. Essa atitude impede o homem de se amar por completo.
- Baixa autoestima: desprezar-se, em especial em comparação a outras pessoas. Quando nos comparamos com os outros, negligenciamos o que há de único e especial em nós e em nossa história, achando que só os outros têm algo de valor para oferecer.
- Autocobrança: pautar suas atividades apenas pelo "eu tenho que". Essa cobrança exagerada impede o homem de cuidar de si, porque foca apenas nas coisas emergenciais, muitas vezes ignorando o que é realmente importante.

CONHECE A TI MESMO

O filósofo Sócrates foi quem imortalizou a frase "Conhece-te a ti mesmo". Ele a adotou como um dos pilares de seu pensamento e de sua missão, que era despertar as pessoas para o autoconhecimento, ajudando-as a reconhecer o quanto ignoravam sobre si mesmas e sobre o mundo.

O autoconhecimento é essencial para nossa jornada de construir um legado e viver com um propósito. Precisamos conhecer nosso potencial, entender nossas limitações, trabalhar naquilo que podemos mudar, e não ficar neurótico com o que está fora do nosso alcance. Porque, como você sabe, existem coisas que não podemos mudar e, por isso, não vale a pena nos estressarmos com elas.

Ter clareza quanto ao que nos faz bem, saber de cor as áreas em que precisamos melhorar e ter consciência do que já executamos com excelência nos ajuda a viver de forma mais equilibrada. É muito difícil saber onde queremos chegar se nem sabemos onde estamos. Os navegadores são excelentes instrumentos para pegar o trajeto mais curto e evitar o trânsito. Mas eles só funcionam se você lhes disser onde vai e, também importante, onde está.

Então, quem é você?

Todos nós precisamos, de tempos em tempos, marcar um encontro conosco mesmos. Olhar no espelho, se conhecer, entender o que queremos viver. A gente só ama o que conhece. Então, para amar a si mesmo, você deve se conhecer.

Claro que não seremos perfeitos, mas podemos ser melhores. Existe uma versão melhor de nós mesmos esperando para emergir. Mas para que ela surja, precisamos entender o que é necessário ser mantido em nós, e o que precisa ser removido. É verdade que, algumas vezes, pensamos que já fomos tão marcados pela vida que não dá para ser melhor. Mas Deus nos vê de uma forma diferente. Ele nos enxerga de uma maneira que nossa esposa, nossos filhos e nem nossos pais seriam capazes de ver.

Veja o caso de Davi. Deus havia enviado o profeta Samuel à casa de um homem chamado Jessé. Um dos filhos de Jessé seria ungido o rei de Israel, mas Deus só mostraria a Samuel o seu escolhido na hora. Quando o profeta chegou e explicou a Jessé sua missão, o anfitrião chamou os filhos. Samuel viu o mais velho e pensou: "Uau! Esse é o cara!". Mas Deus logo interrompeu o pensamento de Samuel, dizendo: "Não considere sua aparência nem sua altura, pois eu o rejeitei. O Senhor não vê como o homem: o homem vê a aparência, mas o Senhor vê o coração" (1Samuel 16:7).

Deus rejeitou os sete filhos de Jessé. Então, Samuel, meio sem entender, pergunta: "Não faltou ninguém?". Jessé explicou que tinha o caçula. Mas não era ele. Ele não servia para ser rei. Ele era um mero pastor de ovelhas, tocador de harpa.

Até para Jessé, Davi era um improvável. Talvez Jessé conhecesse seu filho apenas pela aparência, mas Deus sondava o coração de Davi. E foi a ele que Deus chamou de "homem segundo o meu coração" (1Samuel 13:14; Atos 13:22).

> Ele já o viu como rei, quando alguns ainda o chamam de menino.

Talvez as pessoas ao seu redor — talvez até mesmo seus pais — não reconheçam seu valor. Mas seu Pai celestial sabe o quanto você é especial. Ele conhece o mais profundo do seu coração. Ele já o viu como rei, quando alguns ainda o chamam de menino.

UMA DECLARAÇÃO DE AMOR DO PAI

Para me relacionar melhor comigo, tenho meditado na carta aos Efésios, em especial no primeiro capítulo. Nesse trecho, o apóstolo Paulo faz uma série de afirmações a respeito de quem é o cristão, e como

O HOMEM DO OUTRO LADO DO ESPELHO

toda a Trindade atua para nos levar ao pleno potencial para o qual fomos criados. Veja o que diz esse trecho de abertura (para facilitar, grifei as partes que considero mais pertinentes à nossa conversa):

> Bendito seja o Deus e Pai de nosso Senhor Jesus Cristo, que *nos aben-çoou com todas as bênçãos espirituais nas regiões celestiais em Cris-to*. Porque Deus *nos escolheu* nele antes da criação do mundo, para sermos santos e irrepreensíveis em sua presença. *Em amor nos pre-destinou para sermos adotados como filhos*, por meio de Jesus Cristo, conforme o bom propósito da sua vontade, para o louvor da sua glo-riosa graça, a qual nos deu gratuitamente no Amado.
>
> *Nele temos a redenção por meio de seu sangue, o perdão dos peca-dos, de acordo com as riquezas da graça de Deus*, a qual ele derramou sobre nós com toda a sabedoria e entendimento. E *nos revelou o mis-tério da sua vontade*, de acordo com o seu bom propósito que ele esta-beleceu em Cristo, isto é, de fazer convergir em Cristo todas as coisas, celestiais ou terrenas, na dispensação da plenitude dos tempos. *Nele fomos também escolhidos*, tendo sido predestinados conforme o plano daquele que faz todas as coisas segundo o propósito da sua vontade, *a fim de que nós, os que primeiro esperamos em Cristo, sejamos para o louvor da sua glória*.
>
> Quando vocês ouviram e creram na palavra da verdade, o evange-lho que os salvou, *vocês foram selados em Cristo com o Espírito Santo da promessa*, que é a garantia da nossa herança até a redenção daque-les que pertencem a Deus, para o louvor da sua glória (Efésios 1:3-14).

Nada melhor do que ouvir do nosso próprio Pai que somos aben-çoados, escolhidos, aceitos como filhos, redimidos pelo sangue, confidentes do mistério, criados para a glória de Deus, selados pelo Espírito. Se Deus o considera digno de tão grande amor, por que não amar a si mesmo? Se Deus o escolheu para ser filho dele, por que se comparar com outras pessoas? Se o Espírito Santo habita em você, por que não cuidar de si mesmo, de sua saúde, de suas emoções? Você é imagem e semelhança do Criador.

Eu estou convencido de que cada homem possui uma versão melhor de si mesmo para entregar a esse mundo. Mas, por não se conhecer, por não cuidar de si e não desenvolver uma relação própria, perde a chance de se lapidar e de aprimorar o que recebeu de Deus. Como diz minha esposa, "A questão é que, quando não sabemos o que temos, mesmo que tenhamos grandes habilidades e dons, continuaremos vivendo como se eles não existissem. Quando não sabemos quem somos, continuamos sujeitos aos maus-tratos daqueles que se aproveitam da nossa ignorância e ingenuidade"[3].

O PESO DA AUTOCOBRANÇA

Sinto que, às vezes, nos cobramos demais. Terminamos o dia frustrados, nos amando menos e não vivendo a plenitude para a qual fomos criados. Em muitas situações, somos muito duros conosco. Você tem sentido isso?

Minha geração teve pais que eram muito rígidos. Mesmo amorosos, exigiam uma casca grossa, dizendo coisas absurdas como "homem não chora", "se apanhar na rua, apanha em casa", "você é um homem ou um rato?". Essas palavras, repetidas por uma figura de autoridade na nossa infância, geraram um estado de alerta que nos exige um papel que, muitas vezes, não é o nosso.

Durante muito tempo, me cobrei demais. O perfeccionismo era minha maior característica e, por causa dele, exigi de mim mais do que poderia dar. A cobrança desenfreada fez com que, em algumas situações da vida nas quais não atendi àquela expectativa de êxito que eu mesmo me cobrava, terminasse sendo duro comigo mesmo, me penalizando e, em algumas ocasiões, não me perdoando por erros que, como qualquer ser humano, eu poderia cometer. Depois de muita terapia — sim, homem precisa fazer terapia — muito estudo sobre o comportamento humano, me libertei, pouco a pouco, da prisão em que a falta de perdão havia me colocado. Aliviei o peso da autocobrança sobre mim e dediquei mais tempo à relação comigo mesmo. Não é, nem foi fácil, mas tenho procurado me perdoar mais, me amar mais e cuidar mais de mim. Estando de bem comigo, fico mais forte para cuidar dos demais relacionamentos.

Caso você se sinta magoado consigo próprio, incentivo-o fortemente a buscar entender o modo maravilhoso com que Deus o fez. Ame-se, arrependa-se e perdoe-se. Talvez você esteja sendo duro demais com alguém que merece ser feliz e acolhido. Isso é importante! Só eu sei o quanto foi libertador melhorar o relacionamento comigo mesmo.

---

[3] MARINHO, *A mulher que eu quero ser*, p. 93.

O GUERREIRO IMPROVÁVEL

Na Bíblia, lemos sobre homens que viviam na ignorância acerca de si mesmos. Eram os soldados do rei Saul. Eles estavam reunidos para uma batalha contra os filisteus. Era comum, na antiguidade, que as batalhas entre os povos se resolvessem com um duelo: cada exército enviava seu campeão e os dois duelavam até a morte. O que permanecesse vivo ganhava a batalha para o seu exército.

O texto bíblico nos conta que um filisteu foi até o exército de Israel fazer essa proposta. Mas esse soldado não era ninguém mais, ninguém menos, que Golias. A descrição que a Bíblia faz dele é realmente impressionante:

> Tinha dois metros e noventa centímetros de altura. Ele usava um capacete de bronze e vestia uma couraça de escamas de bronze que pesava sessenta quilos; nas pernas usava caneleiras de bronze e tinha um dardo de bronze pendurado nas costas. A haste de sua lança era parecida com uma lançadeira de tecelão, e sua ponta de ferro pesava sete quilos e duzentos gramas (1Samuel 17:4-7).

Conheço muito homem que não pesa muito mais que a couraça de Golias! Ver esse gigante se aproximando do acampamento deve ter sido uma visão aterrorizante. De fato, os soldados de Saul temeram toda aquela apresentação monstruosa do inimigo e acharam que, mesmo com todas as armas de Israel, jamais poderiam derrotá-lo. Até que chegou Davi, o guerreiro mais improvável, mas o único certo de sua identidade. Ele não era do exército; havia ido ali levar alimento para seus irmãos. Ele ouviu o cochicho no acampamento e, enquanto estava lá, viu Golias se aproximar e lançar mais uma vez o desafio do duelo. Davi era tão autoconfiante que se apresentou a Saul como o campeão de Israel, aquele que duelaria em favor do exército inteiro. O rei não acreditou no potencial de Davi, disse para ele algo do tipo "Vê se você se enxerga!", mas nada disso demoveu Davi de sua identidade. Ele declarou: "O Senhor que me livrou das garras do leão e das garras do urso me livrará das mãos desse filisteu" (1Samuel 17:37). Observe que a autoconfiança de Davi não provinha de uma visão equivocada a seu respeito, mas fluía de seu relacionamento com Deus. Por isso afirmei que, antes de qualquer relacionamento, você tem de cultivar a sua relação com Deus. Sem ela, tudo o mais estará deturpado.

Davi ressaltou o poder de Deus como seu protetor, como quem ia à frente dele em todas as batalhas. Ele sabia quem o capacitava, e ancorava seu potencial no poder do Senhor. O exército de Israel, em contrapartida, sentia-se incapaz de sair do aprisionamento e confrontar seu opressor. Eles ignoravam tudo o que Deus fizera por eles, pessoalmente, e por seu povo ao longo da história. É isso que acontece quando nossa identidade não está nítida para nós. Qualquer um pode assustar quem já perdeu a batalha da mente e não conhece a própria identidade.

Cada pessoa tem sua identidade própria, seu chamado e um papel específico. Não existe melhor nem pior, porque nada disso foi conquistado — são presentes que Deus nos dá, feitos sob medida, como um bom terno italiano. Você tem o seu propósito, que é só seu. Compreender isso é fundamental para você ser pleno. Quando entende sua singularidade, para de se frustrar por ter feito ou alcançado menos do que aquele amigo ou o *influencer* que acompanha na rede social. Saber quem você é e a que veio lhe permite se relacionar melhor com aquele homem maravilhoso que vê no espelho.

Quando firmamos nossa identidade, estamos prontos para construir relacionamentos mais saudáveis e profundos. E entre todos os vínculos que formamos nesta vida, há um que ocupa um lugar especial e de extrema responsabilidade: o relacionamento com sua esposa. No próximo capítulo, vamos refletir sobre como honrar e cuidar da outra pessoa mais importante da nossa vida, vivendo o amor como Deus planejou.

ORAÇÃO DE FORÇA E LEGADO

Pai, dá-me coragem para encarar quem realmente sou, sem máscaras nem ilusões. Revela-me as áreas que precisam ser tratadas, os pecados escondidos e os hábitos que preciso abandonar. Que eu seja transformado à medida que me exponho à tua verdade. Forma em mim um caráter semelhante ao de Jesus, moldado não pela aparência, mas pela integridade interior. Que meu reflexo revele tua glória. Em nome de Jesus, amém.

HOMEM DE REFLEXÃO

1. Quem sou eu quando ninguém está olhando?
2. Estou disposto a encarar minhas fraquezas e a buscar transformação verdadeira?
3. Em que áreas da minha vida ainda estou usando máscaras?
4. O que vejo quando olho honestamente para minha vida espiritual, emocional e moral?
5. Como posso alinhar minha identidade interior à imagem de Cristo?
6. Quais verdades de Deus preciso crer para combater as mentiras que tenho acreditado sobre mim mesmo?
7. Tenho me permitido ser confrontado e moldado pela Palavra de Deus?

BIOGRAFIA DE FORÇA E LEGADO

Daniel

Força na fidelidade, legado na integridade

Daniel foi levado cativo ainda jovem, separado de sua terra, sua cultura e sua família. Mas mesmo longe de tudo o que conhecia, ele manteve viva sua identidade como servo de Deus. Sua força se manifestou logo nos primeiros dias na Babilônia, quando decidiu não se contaminar com os costumes do palácio. Ele preferiu ser fiel a Deus do que agradar aos homens — e essa decisão o acompanhou por toda a vida.

Ao longo de décadas, Daniel serviu a reis poderosos, atravessou impérios e enfrentou inveja, conspirações e ameaças. Mesmo diante de um decreto de morte, ele não abandonou a oração. Três vezes ao dia, ajoelhava-se com as janelas abertas em direção a Jerusalém, reafirmando que sua lealdade estava em Deus, não no trono da Babilônia. Na cova dos leões, sua fé foi mais forte que o medo.

Daniel é o retrato de uma masculinidade que une sabedoria e coragem. Ele interpretava sonhos, aconselhava reis e mantinha um espírito excelente — tudo isso sem ceder à corrupção do sistema que o cercava. Sua vida provou que é possível ser influente sem ser conivente.

Seu legado é o da fidelidade inegociável, da santidade preservada em meio à cultura pagã. Daniel nos ensina que um homem forte não se curva à pressão, mas permanece firme em quem ele é diante de Deus. Um homem assim deixa marcas eternas — mesmo em terras estrangeiras.

• CAPÍTULO 13 •

A OUTRA PESSOA MAIS IMPORTANTE DA SUA VIDA

CERTA VEZ, EM UMA DISCUSSÃO, falei para Márcia: "Se você for embora, eu vou com você!". Mesmo parecendo uma brincadeira, essa frase demonstra a intensidade do compromisso que assumi no relacionamento com ela. Ao dizer essas palavras, queria demonstrar a Márcia que estaria com ela em todo momento, mesmo se ela mesma não acreditasse mais em nós. Eu estaria disposto a reconquistá-la e estar ao seu lado. Não tinha plano B para nossa relação, então faria tudo para dar certo.

Não estou falando de dependência emocional, de ficar com uma pessoa à força nem obrigar alguém a estar ao seu lado. Longe disso. Trata-se, em vez disso, de amor — do amor que aprendi com Deus, aquele que deu o único filho para recebermos vida em abundância (João 10:10). Aprendi com Deus que, quando a gente ama de verdade, a gente se entrega de verdade. A gente cuida, protege, incentiva, apoia, celebra, corrige e continua.

> Ele se manteve fiel ao compromisso que assumiu conosco, mesmo sem merecermos sua fidelidade.

No meu relacionamento, fiz a escolha de não me amoldar ao padrão desse mundo (Romanos 12:12), que diz que, se um relacionamento está com problema, descarta e troca por outro. Deus não fez isso conosco. Ele se manteve fiel ao compromisso que assumiu conosco, mesmo sem merecermos sua fidelidade.

Eu sou da época em que, se algo estava com defeito, a gente consertava. Na atual geração do descartável, não é raro ver pessoas descartando pessoas. Quando disse para Márcia que não a deixaria, foi um grito de vitória, uma afirmação de que nossa relação não era descartável e que eu estaria disposto a fazer tudo que fosse necessário para darmos certo. Estamos casados desde 1995. Tenho muito claro que Márcia é minha primeira e última esposa. E saber disso faz toda diferença na minha vida.

O PRINCIPAL RELACIONAMENTO NA TERRA

Logo depois que Deus criou o homem, Ele criou outro ser humano para completá-lo: a mulher. O próprio Deus declarou antes que não era bom que o homem estivesse só (Gênesis 2:18). Com a união do primeiro homem e da primeira mulher, é estabelecida a instituição mais importante da terra, a família. "Por essa razão, o homem deixará pai e mãe e se unirá à sua mulher, e eles se tornarão uma só carne" (Gênesis 2:24). Aí está a unicidade do casamento. Enquanto "unidade" são dois que se unem e podem se separar, "unicidade" são dois que se fundem e aí viram apenas um.

A unicidade é a essência do casamento, o principal relacionamento que um homem pode assumir na terra. Tal é a importância dessa relação que ela representa o relacionamento de Jesus com igreja, por quem Ele deu a vida.

> Maridos, cada um de vocês deve amar a sua esposa, assim como Cristo amou a igreja e entregou-se por ela para santificá-la, tendo-a purificado pelo lavar da água por meio da palavra, e apresentá-la a si mesmo como igreja gloriosa, sem mancha, nem ruga, nem coisa semelhante, mas santa e sem culpa. Da mesma forma, os maridos devem amar, cada um, a sua esposa como ao seu próprio corpo. Quem ama a sua esposa ama a si mesmo. Além do mais, ninguém jamais odiou o próprio corpo; antes, alimenta-o e dele cuida, como também Cristo faz com a igreja, pois somos membros do seu corpo. "Por essa razão, o homem deixará pai e mãe e se unirá à sua mulher, e os dois se tornarão uma só carne." Este é um grande mistério; refiro-me, porém, a Cristo e à igreja. Portanto, cada um de vocês também ame a sua esposa como a si mesmo, e a esposa trate o marido com todo o respeito. (Efésios 5:25-33).

Quando Paulo afirma que o marido deve amar a esposa como Jesus amou a igreja, ele está falando de entrega total, de renúncia, de deixar os interesses pessoais, de não ser egoísta e de fazer o que precisa ser feito para a relação ser um sucesso. Jesus deu a vida pela igreja, o marido deve dar a vida pela esposa.

Todo ser humano deseja ser amado. A esposa vai esperar legitimamente que seu marido demonstre amor por ela. Nós, porém, muitas vezes, fazemos tudo por nossa esposa, mas nos esquecemos de amá-la.

Quantos maridos não precisam resgatar o galã da época de namoro? Aquele rapaz que procurava descobrir, nos mínimos detalhes, o que agradaria a namorada, só para surpreendê-la? Se você quiser potencializar seu relacionamento, terá de resgatar essa atitude. As demonstrações de atenção e cuidado da época de namoro farão com que sua esposa se aproxime ainda mais de você.

UM MARIDO PRECISA LIDERAR A ESPOSA

No casamento, a esposa espera ser guiada pelo marido. Ela deseja ser conduzida no cavalo por seu príncipe encantado. Ainda que o modernismo afirme o contrário, no fundo, até a mais ferrenha feminista sonha em ter o cuidado e a proteção de um homem de verdade.

O escritor John Eldredge compara homens de verdade a heróis: "A batalha por si só nunca é o bastante; um homem anseia por romance. Não basta ser um herói, tem que ser um herói para alguém em particular, para a mulher que ele ama".[1] Sua esposa precisa de um herói que vá à frente, que a direcione em meio a esse mundo poluído e desafiador. Em meio à guerra que é a vida, você protege sua esposa. Você é o guia dela, o cabeça desse relacionamento. Todo marido precisa liderar sua casa, esse é um chamado que Deus deixou para você e para mim.

> Quero, porém, que entendam que o cabeça de todo homem é Cristo, o cabeça da esposa é o marido e o cabeça de Cristo é Deus (1Coríntios 11:3).

> Pois, se alguém não sabe governar a própria casa, como poderá cuidar da igreja de Deus? (1Timóteo 3:5).

---

[1] ELDREDGE, John. *Coração selvagem*, 2001, p. 36.

A OUTRA PESSOA MAIS IMPORTANTE DA SUA VIDA 145

> Esposas, cada uma de vocês deve se sujeitar ao seu marido, como ao Senhor, pois o marido é o cabeça da esposa, como também Cristo é o cabeça da igreja, que é o seu corpo, do qual ele é o Salvador. 24Como a igreja está sujeita a Cristo, assim a esposa esteja sujeita em tudo ao marido. (Efésios 5:22-24).

Por mais que a submissão pareça polêmica, ela é projeto de Deus para o casamento. Por meio dela, pode haver unicidade e plenitude entre o casal. O pastor David Merkh nos exorta a esse respeito: "Satanás faz de tudo para subverter a ordem bíblica, estabelecida como reflexo da própria imagem do Deus Triúno. As tentativas de minar os papéis de homem e mulher, especialmente no lar e na igreja, visam confundir o reflexo da hierarquia funcional da própria Trindade".[2]

Não se deixe enganar, Deus não faz remendo. Tudo que Ele faz é perfeito. Se Ele deixou essa ordenança, seguir o manual do fabricante é nossa certeza de êxito na vida.

O PAI DELA ESTÁ OLHANDO

Além da fidelidade, o relacionamento conjugal exige a valorização. Devemos olhar para nossa esposa como uma joia preciosa que pertence a Deus, mas com a qual ele nos presenteou. Devemos cuidar com todo zelo e amor daquilo que não é nosso, mas que foi confiado por Deus aos nossos cuidados.

Comecei a namorar Márcia em 1992. Naquela época, onde moro, era comum que os namoros acontecessem na sala de casa. Por ali passavam os pais, os irmãos e os avós, que interagiam de alguma forma com o casal de namorados. No meu caso, ao lado da sala em que eu ficava com Márcia, o pai dela assistia à sua TV.

Nos três anos de namoro, enquanto estive na sala da casa dos pais dela, nunca fui rude, ignorante, não gritei nem fui grosseiro. Jamais levantei a voz. Se você também namorou sua esposa na sala da casa dos pais dela, imagino que você também tenha se comportado bem. O motivo é óbvio: o pai dela estava ali, de olho.

Hoje, Márcia e eu estamos casados e moramos em nossa própria casa. Mas não é que o pai dela continua de olho? Sim. Márcia é filha

---

[2] MERKH, David. *Homens mais parecidos com Jesus*, p. 182.

amada do Deus todo-poderoso. Ela tem DNA celestial. Seu irmão mais velho é Jesus. Ela é a menina dos olhos de seu Pai. Em resumo: Márcia não é uma fulana qualquer. Eu poderia dizer, de certa forma, que Deus é como um sogro. Jesus, como um cunhado protetor. Eles estão sempre olhando. Não estão sentados na sala ao lado, como o pai de Márcia ficava. É mais desconcertante que isso: ele está a todo momento ao lado dela. Está na sala, no quarto, na rua. Está, aliás, me vendo no meu trabalho e em quando estou fora de casa. Ele ainda sabe o que eu penso e planejo em relação a Márcia.

Uau! Eu preciso ter muita atenção à forma com que trato a filha amada de Deus. Descobrir o valor da Márcia para seu Pai Onipresente fez com que a maneira de tratá-la melhorasse. Tomo mais cuidado não apenas com o que faço e falo, mas também com a *forma* como ajo. Ele sabe a intenção de minhas palavras e atitudes. Posso até tentar mandar um "Não foi bem isso que eu quis dizer" para minha esposa, mas o Pai dela sonda meu coração e conhece toda a verdade.

SABER OUVIR PARA SABER AMAR

O coração que ama não está preocupado apenas em falar bem, mas em ouvir bem. Escutar nossa esposa é crucial para aprofundar o relacionamento, por mais que seja difícil, especialmente quando não estamos acostumados a ouvir.

Não é para você ocupar o lugar de amiga, que irá escutar os detalhes do trabalho, da criação dos filhos ou de um salão de cabeleireiro. Mas você precisa ser um porto seguro, um local de acolhimento, para os assuntos mais difíceis, as dúvidas, as frustrações etc. Ela precisa saber que pode contar com você para se abrir e ter intimidade emocional.

As mulheres que o rodeiam — esposa, mãe, irmã, filha, amigas — querem tempo de qualidade. Para elas, demonstrar tempo é uma forma de expressar amor. Quando mais tempo investe, maior é a intimidade emocional. E, no caso de sua esposa, isso se traduz também em intimidade física. Saber ouvir destrói o protótipo tóxico de "macho" que só se aproxima quando quer acasalar e faz de você um homem completo: amigo, companheiro, amante e confidente, a pessoa que ela quer ter por perto porque a companhia lhe faz bem.

ESSA TAL FIDELIDADE

Meu avô viveu um caso extraconjugal que destruiu nossa família. Testemunhei várias brigas entre meus pais, uma vez que meu pai traiu minha mãe muitas vezes. Parecia que era uma praga familiar destinada a perdurar e devastar gerações de Marinhos, transmitindo a ideia de que, em nossa família, era normal um homem trair a esposa.

No início do meu relacionamento com Márcia, eu não era convertido. Não conhecia a Bíblia, não havia sido libertado pela verdade. Então eu também repeti o padrão de comportamento dos homens da minha família. O que vi e vivenciei era, para mim, como os homens agiam. Trair, mentir, enganar, passar as mulheres para trás era a única forma de masculinidade na minha história, a ponto de se tornar um modelo a ser seguido. Errado? Claro! Mas quantos garotos repetem o que veem em casa?

Isso, porém, não desculpa nem justifica nada. Somos responsáveis pelos nossos atos — e mais, como seguidores de Cristo, somos responsáveis ainda pelo legado que deixaremos. Nossas atitudes não interferem apenas no que colheremos mais tarde na vida, mas também se tornam uma influência positiva ou negativa para nossos filhos.

A questão é que muitos consideram a traição como uma atitude normal. Muitos homens pensam que são livres quando traem. Eles, porém, vivem presos por seus próprios desejos e suas mentiras. Experimentam a paranoia de esconder celular, mudar senhas e sustentar histórias, com medo de serem descobertos a qualquer momento. Vivem nas sombras de sua própria existência.

Ouvi, certa vez, que um cara pretendia sair da empresa para montar um negócio próprio. Tinha um projeto espetacular e já possuía uma boa carteira de clientes. Era, sem dúvida, uma grande oportunidade de negócio. Ele convidou um amigo para almoçar, explicou seu plano de negócios e perguntou se o amigo queria ser seu sócio. O amigo nem titubeou, respondeu "não" de bate-pronto. "Eu te conheço", disse o amigo. "Você trai a própria esposa. Como eu poderia ser sócio de um homem que não é honesto nem com a própria mulher?".

Não é que ele tem razão?

UMA VIDA NA LUZ

Quando fiz 35 anos, conheci uma pessoa que me prometeu uma vida livre, sem celular escondido, sem senhas trocadas, sem necessidade de falar baixinho no canto do banheiro. Uma vida sem sombras, mas vivendo na luz. Foi-me feita esta promessa: "Eu sou a luz do mundo. Quem me segue, nunca andará em trevas, mas terá a luz da vida" (João 8:12). Ensinou-me que não há nada oculto que não venha a ser revelado (Lucas 12:2), e que eu precisaria escolher um lado. A partir desse encontro, eu escolhi seguir essa luz, viver a verdade e a vida.

Foi assim que assumi um compromisso com Cristo. Ele requeria que eu fosse fiel a Ele em primeiro lugar. Mas se eu fosse capaz de buscar isso, então seria mais fácil não me amoldar ao padrão do mundo e ser fiel às demais pessoas, em especial, à minha esposa. Com Jesus, aprendi que homem de verdade não é aquele que esconde seus segredos atrás de uma senha de celular nem nas sombras dos cantos da casa. Em vez disso, é o homem que sustenta uma vida transparente diante da esposa e dos filhos. Um homem sem um lado oculto.

Saí das trevas e fui para a luz. Quanto mais caminhei para a luz, mais me fortaleci no meu relacionamento com a Verdade. Se você vive trevas em seu relacionamento, escolha a luz de Cristo. Ele revela as sombras não para acusar, mas para curar e transformar. Apenas quem vive na luz está livre. Saia das trevas, deixe a escuridão. Livre-se dos segredos do seu passado. Abrace a fidelidade de Jesus e seja um homem fiel.

COMPROMETA-SE COM A ETERNIDADE DELA

Nada é mais importante no seu relacionamento amoroso do que aproximar sua de Deus. Essa tem de ser sua principal meta. Em nosso ministério, quando Márcia e eu falamos da relação entre o casal e Deus, usamos um triângulo para demonstrar a importância de se aproximar de Deus para fortalecer o casamento.

Quanto mais perto o esposo e a esposa estiverem de Deus, mais próximos estarão um do outro. Dificilmente você encontrará um caso de adultério entre cônjuges que oravam juntos todos os dias. É improvável que um casal temente a Deus queira passar para trás o próprio cônjuge.

Uma pessoa que busca a Deus acima de todas as coisas pode amar-se verdadeiramente e, a partir disso, amar o próximo como a si mesma e ter plenitude em todas as esferas do amor.

Por isso, interceda, jejue, persista pela sua esposa. Declare, pela fé, que você tem uma mulher sábia, que edifica o lar, ainda que você ainda não veja. A fé é "a confiança daquilo que esperamos e a certeza das coisas que não vemos" (Hebreus 11:1). Não vivemos por vista, mas sim por visão. Então, ainda que não esteja vendo, viva pela fé de que se tornará real.

Encerro este capítulo com cinco passos práticos para levar seu relacionamento para mais perto de Deus.

Cultive o tempo de oração do casal
Nada é mais poderoso do que um casal que ora junto. Quando param tudo e, em unidade, buscam a Deus, vocês acessam o maior poder que existe. Faça da oração conjunta uma prática constante, e estimule sua esposa a ter o hábito de oração.

Estudem juntos a Bíblia
Se vocês já têm o hábito de ler a Bíblia individualmente, realizem um estudo bíblico em conjunto. Busquem um tema que seja do interesse de ambos. Se ainda não tiverem a prática a leitura bíblica, podem optar por seguir diariamente um devocional bíblico.

Sirvam juntos
Algo que fez com que Márcia e eu nos aproximássemos um do outro e da obra de Deus foi servirmos juntos em um ministério de casais. Quando um casal serve a Deus em um ministério conjunto, ele não apenas fortalece o relacionamento, mas também aprofunda sua comunhão espiritual. Servir juntos permite que cada um complemente o outro com seus dons, tornando o ministério mais frutífero e equilibrado.

Coloque Deus em todos os momentos

Deus não pode ser uma figura decorativa e, menos ainda, um coadjuvante na história de amor de vocês. Ele precisa ser o centro. Para que isso seja real em sua casa, coloque-o em todos os momentos e acontecimentos da sua família. Tomem suas decisões, tirem suas férias, façam suas confraternizações ao redor da pessoa de Jesus.

Seja exemplo de fé e caráter

Nada será mais forte do que o seu exemplo. Alguém certa vez já disse que a palavra convence, mas o exemplo arrasta. De nada adianta você querer aproximar sua esposa de Deus se você não caminha perto dele.

> Nada será mais forte do que o seu exemplo.

O relacionamento com a esposa é um dos pilares mais importantes da nossa vida, mas nossa missão de amor e proteção não termina aí. Deus nos chama também a sermos guardiões da família, defendendo e abençoando aqueles que Ele confiou aos nossos cuidados. No próximo capítulo, vamos refletir sobre o chamado de cada homem para ser um defensor do seu povo, lutando pela integridade, segurança e fé de sua casa.

ORAÇÃO DE FORÇA E LEGADO

Deus, ajuda-me a valorizar e cuidar da minha esposa como a dádiva preciosa que ela é. Ensina-me a amá-la com paciência, respeito, fidelidade e entrega, como Cristo amou a igreja. Que meu coração seja cheio de gratidão pela mulher que está ao meu lado, e que meu comportamento demonstre esse amor diariamente. Que o meu casamento seja um reflexo da aliança que tens comigo e que nosso relacionamento edifique gerações. Em nome de Jesus, amém.

HOMEM DE REFLEXÃO

1. Tenho tratado minha esposa como prioridade ou como mais uma responsabilidade?
2. O que posso fazer hoje para honrar e valorizar mais o casamento?
3. Tenho demonstrado amor e cuidado de forma prática e constante?
4. Como posso melhorar minha comunicação e conexão emocional com minha esposa?
5. Quais atitudes ou palavras minhas têm ferido meu relacionamento?
6. O que significa amar minha esposa como Cristo amou a igreja?
7. Que tipo de exemplo conjugal estou deixando para meus filhos e para os que me observam?

BIOGRAFIA DE FORÇA E LEGADO

José, pai adotivo de Jesus

Força no silêncio, legado na obediência discreta

José, o pai adotivo de Jesus, é uma das figuras mais silenciosas da Bíblia — mas sua vida fala alto. Ele não pregou sermões, não realizou milagres, nem escreveu cartas. Sua força estava na obediência imediata, na sensibilidade espiritual e na disposição de se submeter à vontade de Deus, mesmo quando isso significava abrir mão da lógica e do orgulho.

Ao descobrir que Maria estava grávida, José decidiu agir com justiça e compaixão. Poderia expô-la, mas escolheu protegê-la em silêncio. E quando o anjo lhe revelou que aquela criança era obra do Espírito Santo, ele não questionou — apenas obedeceu. Assumiu a responsabilidade de criar o Filho de Deus com coragem, dignidade e fé.

José foi provedor, protetor e guia espiritual do lar onde Jesus cresceu. Levou sua família ao Egito para fugir da perseguição, sustentou a casa com o trabalho de carpinteiro e ensinou ao Filho do Altíssimo o valor do serviço e da obediência. Ele viveu no anonimato, mas deixou um exemplo eterno.

Seu legado é o de um homem que não precisou de palco para cumprir sua missão. José nos ensina que a masculinidade bíblica é humilde, responsável e firme em sua devoção. Ele mostra que a verdadeira grandeza está em obedecer sem alarde, amar sem medida e ser fiel mesmo quando ninguém está olhando.

• CAPÍTULO 14 •

DEFENDA SEU POVO

QUANDO EU ERA CRIANÇA, era comum os meninos menores quererem andar com os mais velhos no bairro em que eu morava. Queríamos fazer as coisas que eles faziam, escutar as conversas que eles tinham e participar daquela vida que nos atraía. Mas, às vezes, alguns desses meninos mais velhos me mandavam dar a volta, dizendo que aquilo não era coisa de criança. Na época, eu achava esses meninos uns chatos, mas hoje vejo que eram sensatos, pois me protegiam de experimentar algo inapropriado para minha idade. Por mais que eu não entendesse, aquilo era bom para mim.

Agora que somos adultos, chegou a nossa hora de proteger, cuidar e ser presentes diante dos desafios que nossos filhos irão enfrentar.

Vivemos em uma geração que clama pela figura paterna. Não há liderança nas famílias, alguém que guie, aponte, ensine e discipule. Estamos deixando a geração pior do que a anterior. E é a primeira vez na história que isso acontece. A humanidade sempre teve ganhos, conquistas e melhorias de uma geração para outra. Mas hoje, o que entregamos é uma geração emocionalmente enferma, sem valores nem princípios e com dúvidas quanto ao que é certo e o que é errado.

Uma das grandes crises que a família enfrenta atualmente é a falta da figura masculina no lar. Seja pela covardia de um homem que engravidou uma mulher e a abandonou, deixando o filho ou filha sem a proteção paterna, seja pela situação igualmente triste daqueles pais que estão em casa, mas são figuras decorativas, seja como for, hoje temos uma geração de órfãos de pais vivos. E talvez essa seja a razão de vivermos em uma sociedade com tão poucos valores atualmente.

Como educador familiar e alguém empolgado com temas relacionados a formação de lares, casamento e criação de filhos, tenho certeza de que isso é resultado de uma geração de homens que foi omissa em sua paternidade e em assumir sua responsabilidade. Muitos pais se omitiram, acreditando que a presença do pai fosse descartável. Isso tem desvirtuado o plano de Deus para a família. Sem pai, os lares ficam sem liderança e, por isso, tantos se perderam.

A paternidade é importante mesmo na igreja. As comunidades também crescem a partir de filhos espirituais, que precisam ser ensinados, protegidos e guiados para uma vida plena e responsável diante de Deus. Novos crentes são como crianças espirituais, que carecem de cuidado e direção.

Liderar está na essência da natureza masculina. Devemos nos colocar sacrificialmente na linha de frente do campo de batalha, protegendo os nossos. Esse chamado não pode ser terceirizado. Deve ser assumido com coragem e resolução, sob o risco de perdemos nosso bem mais precioso: as pessoas que Deus confiou aos nossos cuidados.

Os muitos homens que fogem dessas fileiras, omitindo-se do papel que deveriam desempenhar, deixam seu maior bem à deriva. Se os homens conduzissem seus negócios da maneira que lideram sua família, teríamos uma onda de falências pelo Brasil. Existe um descaso com aquilo que deveria ser prioridade.

Recebemos o chamado de liderar não para termos a última palavra, mas para sermos os primeiros a correr para a luta. Somos cabeça não para mandar, mas para proteger. Temos a obrigação de oferecer segurança, apoio, direcionamento e respaldo para as pessoas que Deus coloca sob nossa responsabilidade, quer na igreja, quer no trabalho, quer, sobretudo, na família. Ser o "homem da casa" significa que nossos queridos possam olhar para nós e saber que os protegeremos até a morte. Isso nada tem a ver com sermos perfeitos ou invencíveis. Tem a ver com estarmos prontos, atentos, disponíveis, preocupados e dispostos a dar o primeiro passo diante das dificuldades que a vida irá apresentar.

> Se os homens conduzissem seus negócios da maneira que lideram sua família, teríamos uma onda de falências pelo Brasil. Existe um descaso com aquilo que deveria ser prioridade.

SEJA PROTETOR E SEJA PRESENTE

Você já deve ter ouvido homens "justificando" sua ausência da vida familiar com a prerrogativa de estarem construindo o futuro dos filhos. Eu ouço isso com frequência no ambiente do aconselhamento conjugal. Sempre respondo com uma pergunta: "Mas quem está vivendo o presente deles?". Eles crescem dia a dia. Mais cedo ou mais tarde, seguirão seu destino e, como Jesus perguntou: "Insensato! Quem ficará com o que você preparou?" (Lucas 12:20). Você não viveu o presente, não criou memórias afetivas. O tempo perdido não pode ser comprado, e você bem sabe disso.

Estar presente não significa não crescer profissionalmente, nem cuidar daquela lista de atividades que faz parte de suas responsabilidades como homem. Minha sugestão é que você separe intencionalmente um momento para estar com seus filhos, e que, durante esse tempo, esteja presente de fato, não apenas fisicamente, mas mental e emocionalmente. Se são dez minutos, que sejam os melhores dez minutos do dia deles.

Nesse ponto, eu me lembro da história do menino que quis comprar uma hora de trabalho do pai. Ele questionou o pai, que assistia ao telejornal:

— Pai, quanto que o senhor ganha por hora?

— Ah! Não me amole! Estou cansado.

— Fale, pai. Quanto o senhor ganha por hora?

— Dez reais.

— Então o senhor podia me dar dois reais?

— Não tenho agora. Vá dormir.

O menino foi dormir. Mas o pai ficou arrependido e foi até a cama do filho:

— Filho, aqui está o dinheiro que você pediu.

O garoto levantou-se alegre

— Que bom! Agora tenho dez reais. O senhor podia me vender uma hora do seu tempo?

Que você invista seu tempo da maneira certa, sem se arrepender mais tarde por deixado de viver momentos que não voltam mais.

PRODUÇÃO INDEPENDENTE?

Quem é da minha geração vai lembrar da "Rainha dos Baixinhos", um ícone para as crianças da nossa época. Provavelmente se lembra também quando ela declarou que não precisaria de um marido, pois encomendaria o sêmen de um homem que a agradasse para um ter uma gravidez independente. Essa declaração era rara e até ousada naqueles dias, mas hoje não é incomum. Por diversos motivos, há mulheres que desejam ser mães sem a participação de homens no processo, tanto da gestação como da criação do filho. O homem é mero "doador" do material que falta para a gravidez.

Obviamente, essa iniciativa não é fruto apenas da "Rainha", embora ela tenha exercido certa influência. Creio que movimentos assim fazem parte de uma estratégia maior que visa a destruição desse projeto de Deus que é a família. A Bíblia nos lembra que a nossa luta não é contra seres humanos, mas "contra os poderes e as autoridades, contra os dominadores deste mundo de trevas e contra as forças espirituais do mal nas regiões celestiais." (Efésios 6:12).

Um lar sem a figura paterna apresenta uma série de desafios para o desenvolvimento da criança e para a construção de seu caráter, seja essa criança um menino, seja uma menina. Uma pesquisa feita nos Estados Unidos revelou que muitos problemas sociais daquele país estão relacionados à ausência da figura paterna na vida dos infratores.[1] No Brasil, um levantamento feito pelo ministério público de São Paulo indica que dois em cada três jovens infratores vêm de famílias cujo pai não mora em casa.[2]

Precisamos assumir nosso compromisso como pais, pois essa é uma função que Deus nos deu. Tem coisa na vida que não dá para terceirizar. As funções de pai e mãe são um privilégio, um chamado único que precisa ser honrado. Nunca foi tão necessário que nós, pais, vistamos a fantasia de super-heróis de nossos filhos

> As funções de pai e mãe são um privilégio, um chamado único que precisa ser honrado.

---

[1] MARINHO, Márcia; MARINHO, Darrell. *Quando a família corre perigo*, p. 25.

[2] FOLHA DE S. PAULO. 2 em 3 menores infratores não têm pai dentro de casa. Disponível em: http://www1.folha.uol.com.br/cotidiano/2016/06/1786011-2-em-3-menores-infratores-nao-tem-pai-dentro-de-casa.shtml. Acesso em: 5 dez. 2024.

e ocupemos nossos postos na frente da batalha, protegendo nossos filhos dos perigos que rondam essa geração. Como diz o autor Larry Stockstill: "Uma rua com o seu nome, ou uma placa na parede de uma empresa não é o seu legado. O seu legado é um filho, um herdeiro, um líder que foi moldado pela sua liderança".[3] Se não for você, quem irá? Se não for agora, quando será? Este é o tempo, e você é o homem que Deus chamou para ser referência e liderança na vida de seus filhos.

O GRANDE CENTRO DE TREINAMENTO

Costumo dizer que a minha casa é um grande centro de treinamento. Nela, Márcia e eu preparamos nossos filhos para superar os problemas da vida e fazer a diferença nesta geração. Nela, ensinamos a Bíblia, compartilhamos os milagres de Deus, temos tempo de qualidade, assistimos a filmes divertidos e propositivos, recebemos amigos que vivem o mesmo propósito e, em meio a tudo isso, mostramos a nossos filhos o estilo de vida que devem seguir.

Jesus, antes de subir aos céus, deixou a seus seguidores uma grande comissão: "Portanto, vão e façam discípulos de todas as nações, batizando-os em nome do Pai, do Filho e do Espírito Santo" (Mateus 28:19). Pense comigo: se temos a missão de fazer discípulos em todas as nações, o que dizer em nossa própria casa? Nossos filhos devem ser os primeiros discípulos que formamos. Eles precisam ser inspirados, treinados e ensinados a amar a Deus com todas as suas forças e a conduzir a vida com base nos ensinamentos da Palavra.

Com isso, vamos construindo o mais importante: um legado na vida deles.

Ouvi diversas vezes que precisava garantir segurança para o futuro dos meus filhos: fazer uma poupança para pagar a faculdade ou para comprar um carro quando completassem 18 anos. Outros pensam ainda mais longe: em deixar um imóvel ou uma herança para seus filhos. Isso, é claro, não está errado. Mas, sem dúvida, não é o mais importante. Em meus estudos sobre formar gerações, passei a compreender que herança é algo que deixamos *para* os filhos, enquanto legado é algo que deixamos *nos* filhos.

> Herança é algo que deixamos para os filhos, enquanto legado é algo que deixamos nos filhos.

---

[3] STOCKSTILL, *Um homem exemplar*, p. 183.

DEFENDA SEU POVO

É aí que está o segredo. A herança pode acabar vinte e quatro horas depois que você morrer. Mas o legado pode durar gerações. Tenho visto que a herança, muitas vezes, gera conflitos entre irmãos, que discutem quem ficará com o que. O legado, por sua vez, une os irmãos, porque os faz entender, por meio do exemplo paterno, o valor do amor, da cumplicidade e da união. Larry Stockstill, ao falar sobre isso, afirma: "Um legado é algo passado para a próxima geração. Tem a ver com discipulado, com modelar intencionalmente outra pessoa para carregar os seus valores e a sua visão depois que você não estiver mais presente".[4]

Grave isso em sua mente. Assuma o compromisso de investir no relacionamento com seus filhos, transbordando neles seus valores, para conquistar e formar o coração deles.

O PODER DE UM PAI QUE ORA

Nada pode aproximar mais pai e filho do que orar por ele. Na igreja brasileira existe o belo movimento *Desperta Débora*, que mobiliza mães para orarem por seus filhos. Seu lema é "Mães de joelhos, filhos de pé". Infelizmente, não vemos com a mesma frequência um movimento de pais que oram pelos filhos. E, sinceramente, por que isso tem faltado, se logo nós, homens, fomos chamados a ser os sacerdotes de nosso lar?

Talvez tenhamos delegado o cuidado espiritual dos filhos à nossa esposa e nos envolvido tanto com o trabalho e com a responsabilidade de prover que acabamos nos esquecendo da importância de sustentar a casa não apenas financeiramente, mas também em oração. Como diz o pastor Hernandes Dias Lopes afirma: "Precisamos ser não apenas provedores, mas sobretudo intercessores".[5]

Um homem que ora, que se rende a Deus, que deixa o orgulho de lado e entende que precisa do Pai para guiar sua família — esse homem muda destinos. O mais importante não é o mundo que vamos deixar para os nossos filhos, mas os filhos que vamos deixar para o nosso mundo. A oração é uma das formas mais poderosas de

> O mais importante não é o mundo que vamos deixar para os nossos filhos, mas os filhos que vamos deixar para o nosso mundo.

---

[4] STOCKSTILL, *Um homem exemplar*, p. 179.

[5] LOPES, *Homens de oração*, p. 16.

transformar o destino profético dos filhos que estamos preparando para fazer a diferença neste mundo.

Faça da oração um hábito. Se você ainda coloca seus filhos na cama para dormir, aproveite esse momento para orar com eles. Caso sejam grandes, ore com eles quando tiver oportunidade, mas sempre ore *por* eles. Esse é o superpoder que irá fortalecê-lo na guerra em prol da sua família.

VOCÊ É ESPELHO

Muita gente se emocionou e chorou quando ouviu o refrão "Você é um espelho que reflete a imagem do Senhor".[6] Com essas palavras, o cantor Anderson Freire impactou uma geração de cristãos, mostrando que somos pessoas singulares, únicas. Uma raridade.

Nós, porém, nos emocionamos ao declarar que somos um espelho, esquecendo-nos da responsabilidade atrelada ao fato de refletirmos a imagem do Senhor. Se somos reflexo de Deus, e a Bíblia afirma que somos (veja Gênesis 1:26), nossas atitudes, palavras, ações e omissões têm um peso muito grande aonde quer que formos. Imagina, então, dentro de casa? Ali é onde precisamos atentar mais ainda para o fato de sermos espelhos.

É a partir da figura do pai que as crianças modelarão seu relacionamento com Deus, o Pai eterno. Se a relação com o pai for boa, se elas virem nele um exemplo de amor, dedicação e entrega, quando estiverem maiores, provavelmente esperarão receber isso de Deus e terão um relacionamento melhor com Ele.

Agora, se a relação com o pai for doentia, agressiva, desrespeitosa e cheia de mentiras, como essa criança poderá confiar no Pai espiritual quando for mais velha? Se o pai terreno, que ela vê, a machucou tanto, o que esperar de um Pai que ela não pode nem ver?

Para além do relacionamento com Deus, ser um espelho é determinar o padrão para seus filhos. Seu filho homem irá se espelhar em você para exercer a masculinidade dele. Sua filha irá espelhar em você o tipo de homem que ela quer ou não ter na vida dela. Portanto,

---

[6] SOUZA, Anderson Freire de. Raridade. In: *Raridade*. Rio de Janeiro: MK Music, 2013.

avalie: essa figura que você encontra no espelho é aquela que você gostaria que inspirasse seus filhos?

MEU MELHOR AMIGO

Enquanto escrevi este livro, atravessei o maior desafio que havia enfrentado até então. Ao longo desses dias, houve períodos em que passei horas e horas escrevendo; em outros, fiquei semanas sem nem tocar no manuscrito. Meu pai passava por um uma crise de saúde gravíssima. Seu Carmelinho, como meus filhos o chamam, havia sido diagnosticado com câncer no cérebro. A doença rapidamente se espalhou para outras partes do corpo. Ele passou de 68 quilos para 35, sem conseguir andar nem se mover.

Nesse tempo de intensa dor familiar, tive muitos aprendizados. Um dos maiores foi cuidar de meu pai em seus últimos meses de vida. Mudei minha rotina para viver essa estação ao lado de quem nunca me abandonou. Carreguei-o quando já não conseguia andar. Antes de dormir, eu o cobria, orava com ele e o beijava, vendo-o como uma criança na cama. O homem que me ensinou a dar os primeiros passos já não se locomovia mais sozinho.

Depois de encontrar Jesus, Seu Carmelinho mudou a antiga vida e seus antigos valores. Tornou-se um homem que lia a Bíblia inteira algumas vezes ao ano e desenvolveu uma fé capaz de mover montanhas. Ele me ensinou a ser forte e corajoso, dedicado e amoroso. Sei que não fui o filho perfeito, mas também sei que não o amei de qualquer jeito. Quando ele partiu, senti saudade e realização. Saudade porque não poderia mais abraçar aquele corpo físico. Realização porque, ao olhar para ele, soube que ele cumpriu sua missão aqui na terra, deixando um legado em minha vida.

Aquela estação me ensinou sobre a importância da amizade entre pai e filho. O homem que sou hoje é devedor, em grande parte, ao que Seu Carmelinho semeou ao longo de sua vida. Agradeci a Deus pela oportunidade de cuidar dele no fim de seu tempo e retribuir o amor com que ele me criou.

Hoje, um dos meus maiores desejos é ser um verdadeiro amigo para meus filhos. Alguém em quem confiem e com quem possam contar em todos os momentos. Quero amá-los de forma incondicional, da mesma forma como sou amado pelo meu Pai. Quero que eles olhem para mim e vejam, nas minhas atitudes em casa, o Jesus que prego fora dela.

> Você não é responsável pelo que aconteceu na sua infância, mas é totalmente responsável pelo que vai fazer daqui para frente, tanto para marcar positivamente a infância dos seus filhos, como para honrar a velhice do seu pai.

Não sei como é a sua relação com seu pai — caso ele ainda esteja vivo — mas recomendo: faça dele seu melhor amigo. Traga-o para perto. Ele não é nem foi perfeito, mas é seu pai. Você não é responsável pelo que aconteceu na sua infância, mas é totalmente responsável pelo que vai fazer daqui para frente, tanto para marcar positivamente a infância dos seus filhos, como para honrar a velhice do seu pai.

Construir relações de amor, honra e confiança dentro de casa é um grande desafio e, ao mesmo tempo, um poderoso testemunho do que Deus faz em nós. E nosso chamado para refletir Cristo vai além da família, estendendo-se a todos os ambientes que frequentamos. Especialmente no trabalho. No próximo capítulo, vamos refletir sobre como cultivar relacionamentos saudáveis, éticos e cheios de propósito no ambiente profissional, honrando a Deus também em nossas tarefas e interações diárias.

ORAÇÃO DE FORÇA E LEGADO

Senhor, levanta-me como protetor da minha casa, defensor da minha família e intercessor dos que estão ao meu redor. Que eu não me omita diante das ameaças, mas enfrente o mal com coragem e fé. Dá-me discernimento para identificar os perigos e sabedoria para proteger com firmeza e compaixão. Que minha liderança seja firme, mas cheia de amor, e que os que estão sob meus cuidados se sintam seguros e honrados. Em nome de Jesus, amém.

HOMEM DE REFLEXÃO

1. Tenho assumido minha responsabilidade como protetor da minha casa?
2. Quais ameaças espirituais ou emocionais tenho ignorado na vida da minha família?
3. Como posso proteger melhor meu lar com oração, vigilância e presença ativa?
4. Em que áreas tenho sido passivo quando deveria agir com firmeza?
5. Tenho sido referência de segurança e estabilidade para os que estão sob minha liderança?
6. O que significa ser um defensor no modelo de Cristo?
7. De que maneira posso ser mais presente, intencional e protetor na rotina da minha casa?

BIOGRAFIA DE FORÇA E LEGADO

João Batista

Força na convicção, legado na preparação do caminho

João Batista foi um homem marcado por propósito antes mesmo de nascer. Separado por Deus, viveu no deserto, longe dos holofotes religiosos de Jerusalém, mas sua voz ecoou com força por toda a Judeia. Sua missão era clara: preparar o caminho para o Messias. E ele o fez com coragem, convicção e total desapego a qualquer glória pessoal.

A força de João estava em sua fidelidade inabalável à verdade. Ele não suavizava sua mensagem para agradar, nem temia os poderosos. Denunciou o pecado dos fariseus e dos governantes com a mesma ousadia, mesmo quando isso lhe custou a liberdade — e depois, a vida. Sua masculinidade bíblica é marcada pela coragem de ser fiel à sua vocação, mesmo quando isso significava caminhar sozinho.

João foi a ponte entre os profetas do Antigo Testamento e a revelação do Novo. Apontou com firmeza: "Vejam! É o Cordeiro de Deus, que tira o pecado do mundo!" (João 1:29). E, ao fazer isso, mostrou que sua missão não era brilhar, mas apontar para aquele que viria. "Importa que Ele cresça, e eu diminua" — essa foi sua teologia, sua vida e seu legado.

João Batista nos ensina que a verdadeira força está em viver por um chamado maior do que nós mesmos, e o verdadeiro legado, em preparar corações para Cristo. Um homem forte é aquele que sabe quem é, a quem serve e para que foi enviado.

CAPÍTULO 15

RELACIONAMENTO NO TRABALHO

O TRABALHO É INERENTE à vida humana. Deus, quando criou o mundo, não colocou o ser humano em um estado de férias eternas. Lemos que "O Senhor Deus tomou o homem e o pôs no jardim do Éden para cultivá-lo e guardá-lo" (Gênesis 2:15). Ao primeiro casal, o Senhor ordenou: "Subjuguem a terra! Dominem sobre os peixes do mar, sobre as aves dos céus e sobre todos os animais que rastejam sobre a terra" (Gênesis 1:28). Trabalhar faz parte!

Hoje, muitas pessoas passam a maior parte do tempo acordadas no trabalho. No mínimo, convivemos 40 horas semanais com nossos colegas. Eles ocupam uma parte importante da nossa rotina e, por isso, é essencial se relacionar com eles de forma saudável. As pessoas precisam, primeiro, ver Jesus em nós para, depois, desejarem seguir Jesus conosco.

Lembro que, certa vez, numa reunião da qual eu participava, uma diretora soltou um palavrão. Na mesma hora, ela disse: "Eita, desculpa, o Darrell está aqui". Eu não havia falado com ela a respeito da minha fé, nem havia dito que não toleraria palavrões em minha presença. Tampouco me intrometeria na forma dela conduzir a vida. Mas eu sou um perfume — eu vim para mudar o ambiente. Minhas ações e palavras mostraram a ela, em algum momento anterior àquela reunião, que eu tinha uma forma diferente de viver, que não combinava com um ambiente de palavrões.

Você tem um chamado para ser perfume. Não sei se você já percebeu, mas estamos cheios de crentes desodorizadores. Eles soltam um arzinho de vez em quando, mas deixam o ambiente com cheiro de nada. O perfume é diferente: ele é marcante. Ele traz memória e emoções à tona. Nosso Criador nos chamou para perfumar os ambientes por onde passamos.

Eu vivo pela premissa de espalhar o bom perfume de Cristo por onde passar. Isso faz com que, até mesmo em reuniões de negócios, alguém me pergunte: "Você é cristão, não é?". O perfume estava ali, em minhas palavras e atitudes. Essa é minha busca diária.

O TAL DO BIG BROTHER

Hoje em dia, é bem comum encontrarmos câmeras de segurança em todos os lugares. Quem trabalha em um ambiente monitorado por câmeras fica mais atento à sua postura, pois sabe que alguém pode estar observando. Às vezes, até a pessoa até sai da área de cobertura da câmera para dar uma relaxada, mas, enquanto está ali, sendo filmado, vira um robozinho, todo certinho.

No entanto, nos esquecemos de que o olhar de Deus é mais constante que o das câmeras. Ele é como um equipamento de alta potência, ultravioleta, ultrassônico, que vê o mais oculto e sonda o coração. E lá no trabalho — deixa eu contar — esse seu Senhor e Pai, que é infinitamente mais importante que qualquer chefe, está o tempo todo olhando para você. Ele não está vigiando com aquele olhar punitivo que muitos falam por aí, mas com o coração de quem quer honrar você em tudo o que faz. A Bíblia nos exorta: "Os olhos do Senhor estão em toda parte, observando atentamente os maus e os bons" (Provérbios 15:3).

Então, policie suas atitudes. Seja exemplar, agindo como sal e luz, mas também fazendo seu trabalho com diligência e decência. Se você tem uma jornada de oito horas, não fique enrolando para passar a hora. O que você é pago para fazer, faça. Se tem uma demanda, cumpra. Isso fará com que você cresça profissionalmente e tenha mais oportunidades, e também fará com que você honre a Deus.

Em um país onde é comum querer levar vantagem em tudo, fazer o trabalho de qualquer jeito se tornou quase uma prática cultural. E talvez por isso falte tanta prosperidade, não só no país, mas também dentro das empresas — nos relacionamentos, nos resultados e nos ambientes corporativos.

Reclamamos diariamente da corrupção nos altos cargos políticos, mas, no escritório, muitos burlam regras simples: chegam atrasados e marcam como se tivessem chegado no horário, enrolam durante o expediente, desviam materiais da empresa para uso pessoal ou assumem méritos que não são seus. Tudo isso com a velha justificativa: "Ah, todo mundo faz".

Recentemente, vi um vídeo que me chocou: uma carreta sofreu um acidente em uma rodovia, e enquanto os socorristas atendiam o motorista ferido, pessoas saqueavam as mercadorias espalhadas. E ali estava estampada a mentalidade do "se todo mundo faz, eu também vou fazer". Mas como nossos pais diziam: Você não é todo mundo.

> Esqueçamos o jeitinho brasileiro e passemos a viver do jeito de Deus.

Esqueçamos o jeitinho brasileiro e passemos a viver do jeito de Deus. Adotemos uma conduta que reflete integridade, excelência, verdade. Isso significa não apenas fazer o certo quando alguém está olhando, mas fazer o certo sempre, ainda que isso custe reconhecimento, promoção ou até amizade.

No ambiente profissional, "levar vantagem" às custas do outro, manipular informações, sabotar colegas ou ultrapassar limites éticos para crescer mais rápido não faz parte da economia de Deus. Não tem nada a ver com o jeito do Reino. Integridade no trabalho é ter a coragem de fazer o certo, mesmo que todos à sua volta escolham o caminho mais fácil. É agir com responsabilidade, servir com excelência e deixar claro, em atitudes, quem é o seu verdadeiro chefe: Deus.

CUIDADO COM A SEDUÇÃO

O ambiente de trabalho traz diversas armadilhas, entre elas, a do adultério. Pesquisas demonstram que 85% das traições entre parceiros românticos acontecem no ambiente de trabalho.[1] Isso é

---

[1] ND MAIS. Infidelidade no trabalho: os 10 empregos que mais levam ao adultério. Disponível em: https://ndmais.com.br/empregos-e-concursos/infidelidade-no-trabalho-os-10-empregos-que-mais-levam-ao-adulterio/. Acesso em: 6 fev. 2025.

especialmente problema ético em um país como o nosso, no qual sete em cada dez brasileiros acreditam que é possível amar e, ainda assim, ser infiel.[2]

Infelizmente, o adultério tem sido banalizado. A Bíblia nos ensina que precisamos vigiar e orar, porque o Diabo está ao nosso redor (1Pedro 5:8-9). Ele pode vir na forma de uma amizade aparentemente inofensiva, mas que vai se tornando mais íntima, mais próxima e mais irresistível.

Não é pecado ter amizades com mulheres no ambiente de trabalho. No entanto, é preciso estabelecer limites claros de comportamento e intimidade para que isso não se torne uma porta aberta para um adultério. E não espere isso da parte dos outros. É você quem impõe seus limites ao determinar de que maneira vai cumprimentar suas colegas, os tipos de brincadeiras e gracejos que permitirá fazer e receber, o quanto se tornará confidente e coisas do tipo.

Além de estabelecer limites, tenha uma política de transparência. Comprometa-se a contar à sua esposa tudo o que acontece no ambiente de trabalho, em especial quando envolver outras mulheres. Da mesma forma, se for comentar sobre sua esposa no trabalho, fale de forma positiva e elogiosa. Escritório não é consultório de terapia, especialmente de terapia conjugal.

Um último conselho: tome um cuidado especial com as colegas mais novas. Tenho visto, em meus aconselhamentos, muitos homens acabarem com seu casamento, sua família e sua vida por causa de uma aventura extraconjugal. São atraídos por colegas mais jovens e imaginam que tudo não vai passar de um caso rápido e inofensivo. No entanto, quando atendo alguns desses homens, desesperados porque a esposa pediu o divórcio, vejo com clareza que ele trocou algo eterno por uma aventura passageira. Tenha cuidado para não perder o que levou tanto tempo para ser construído por causa de um desejo transitório.

---

[2] ESTADO DE MINAS. Brasil é o país mais infiel da América Latina. Disponível em: https://www.em.com.br/app/noticia/saude-e-bem-viver/2022/06/30/interna_bem_viver,1376856/pesquisa-revela-que-brasil-e-o-pais-mais-infiel-da-america-latina.shtml. Acesso em: 6 fev. 2025.

GLORIFIQUE A DEUS EM TUDO QUE FIZER

Nosso local de trabalho precisa ser um ambiente que glorifica a Deus. A Bíblia nos ensina que tudo o que fizermos deve ser feito com excelência para o Senhor: "Tudo o que fizerem, façam de todo o coração, como para o Senhor, não para os homens, 24sabendo que receberão do Senhor a recompensa da herança, pois é a Cristo, o Senhor, a quem vocês servem" (Colossenses 3:23-24).

Glorificamos a Deus sendo excelentes no que fazemos, cumprindo o que foi prometido, assumindo nossos erros, obedecendo à lei e respeitando as pessoas. A excelência honra a Deus e abençoa as pessoas, como diz o pastor Carlito Paes.

Encontramos diversos profissionais na Bíblia que agiam dessa forma. O apóstolo Paulo era fazedor de tendas e, com seu trabalho, glorificava a Deus. Boaz, agricultor, honrou a Deus em sua plantação, obedecendo às ordens da lei que exigiam deixar espigas para os pobres. O profeta Daniel era parlamentar em um reino pagão, mas demonstrou excelência e fidelidade a seus superiores, testemunhando de sua fé. O jovem José, no Egito, era temente a Deus de tal modo que Deus fazia prosperar tudo o que caía em suas mãos. Ele acabou sendo promovido ao primeiro posto na casa de Potifar, um comandante egípcio e, depois, tornou-se o primeiro homem de faraó.

Precisamos buscar a excelência como premissa de nossos afazeres, entendendo que somos cidadãos do Reino e representantes de Deus na terra. Pessoas que se dizem cristãs, mas trapaceiam e são péssimas profissionais, tornam-se um contratestemunho. Quem presencia essa conduta dificilmente acreditará que o Deus que elas servem pode ser levado a sério.

Por isso, aja no seu trabalho como Jesus agiria: sorriso no rosto, bom atendimento, cordialidade, atenção aos detalhes, responsabilidade. Tudo isso tem a ver com honrar a Deus.

Seja no ambiente profissional, seja nas relações pessoais, excelência e integridade sempre deixam marcas profundas. No próximo capítulo, pensaremos sobre laços genuínos com aquela família que a gente escolhe: nossos amigos, mais chegados que irmãos.

Oração de Força e Legado

Pai, guia minhas atitudes e palavras no ambiente de trabalho. Que eu seja exemplo de integridade, respeito e excelência em tudo o que fizer. Ensina-me a lidar com pressões, injustiças e conflitos com equilíbrio e sabedoria. Que eu veja meu trabalho como parte do teu propósito e exerça minha profissão como um ministério. Que a maneira como sirvo e lidero deixe marcas de honra e transforme o ambiente ao meu redor. Em nome de Jesus, amém.

Homem de Reflexão

1. Meu comportamento no trabalho honra a Deus?
2. Tenho sido justo, respeitoso e íntegro com colegas, superiores e subordinados?
3. Como posso lidar melhor com conflitos e pressões no ambiente profissional?
4. Tenho sido exemplo de equilíbrio entre firmeza e humildade?
5. De que forma posso usar meu trabalho como plataforma de serviço e testemunho?
6. Estou cultivando um bom nome e um legado profissional que inspire confiança?
7. Que ajustes posso fazer na minha rotina de trabalho para refletir melhor os valores do Reino?

Biografia de força e legado

Pedro

Força na fraqueza redimida, legado na liderança restaurada

Pedro foi um homem de extremos. Falava antes de pensar, prometia antes de ponderar, agia antes de orar. Mas justamente nessa impulsividade Deus viu um coração moldável. Chamado por Jesus ainda como pescador, Pedro largou tudo para seguir o Mestre — e ao longo do caminho, aprendeu o que significa ser um verdadeiro homem de Deus.

Sua força não estava na coragem impetuosa de sacar a espada no Getsêmani, mas no choro amargo depois de negar Jesus. Foi no fracasso que Pedro foi confrontado — e restaurado. À beira do mar da Galileia, Cristo não o condenou, mas o reenviou: "Cuide das minhas ovelhas" (João 21:17). Ali, Pedro descobriu que a liderança no Reino de Deus nasce da graça.

Depois do Pentecostes, Pedro se tornou um homem transformado. Pregou com ousadia, enfrentou prisões, curou enfermos e guiou a igreja nascente com autoridade e humildade. Já não buscava destaque — buscava fidelidade. Morreu como mártir, fiel até o fim, afirmando com sua vida o que um dia negara com seus lábios.

Seu legado é o de um homem que tropeçou, mas foi erguido por Cristo para ser uma rocha. Pedro nos ensina que a verdadeira masculinidade bíblica não ignora as quedas, mas se submete à restauração. A força de um homem não está em nunca cair, mas em se levantar transformado e continuar servindo com amor.

◆ C A P Í T U L O   1 6 ◆

CULTIVANDO AMIZADES VERDADEIRAS

A BÍBLIA NOS CONTA SOBRE a amizade profunda entre Davi e Jônatas:

> Depois que Davi e Saul terminaram de conversar, surgiu tão grande amizade entre Jônatas e Davi que Jônatas se tornou o seu melhor amigo. Daquele dia em diante, Saul manteve Davi consigo e não o deixou voltar à casa do seu pai. Jônatas fez um acordo de amizade com Davi, pois se tornara o melhor amigo dele. (1Samuel 18:1-3).

Davi ganhou muita notoriedade após derrotar Golias. Sua fama fez com que o rei Saul o considerasse uma ameaça ao trono. Paranoico, o rei perseguiu e tento matar seu melhor soldado.

Jônatas, filho de Saul e herdeiro legítimo do trono, teria todos os motivos para enxergar Davi como um rival. No entanto, desenvolveu uma amizade verdadeira com ele, baseada em lealdade e respeito. Jônatas chegou a arriscar sua própria vida para proteger o amigo, alertando-o dos planos malignos do pai e ajudando-o a fugir.

Davi teria morrido se não fosse pela amizade e pelo compromisso de Jônatas. Depois da fuga, Davi nunca mais teve a oportunidade de reencontrar seu amigo, que morreu ao lado de Saul, em uma batalha contra exércitos estrangeiros. Depois desse episódio, Davi foi coroado rei, mas nunca se esqueceu da lealdade de Jônatas. Ele honrou essa amizade recebendo um filho de Jônatas na mesa real (cf. 2 Samuel 9:1-13).

O investimento que fazemos nesses laços de amizade faz diferença em nossa jornada. Cultivar e manter amizades não é uma tarefa fácil, principalmente na fase adulta. Ficamos mais seletivos, exigentes e temos pouco tempo para jogar conversa fora. No entanto, tenha certeza: são os amigos verdadeiros que farão diferença nos momentos em que mais precisamos de ajuda. Provérbios 18:24 diz que existem amigos mais chegados do que irmãos. Eclesiastes 4:9,10 ensina que é melhor vivermos em companhia porque, "se caírem, um levantará o outro".

Quando meu pai teve metástase e entrou em um estado bastante grave de saúde, percebi o quanto, na fase final da vida dele, lhe faltaram amigos próximos. Ele se dedicou à criação dos filhos, mas talvez tenha esquecido, ou negligenciado, suas amizades mais profundas.

Ao ver isso, reparei na minha lista de amigos. Notei que poucas amizades da infância duraram até a fase adulta. Acredito que mudar de casa e de colégio muitas vezes dificultou a criação de vínculos com outras crianças. Hoje, quando alguém comenta ter reencontrado amigos do passado, sinto um vazio. O que tenho feito, então, é retomar o contato com amigos antigos com os quais não convivia mais. Amigos que desenvolvi na fase adulta, mas que acabaram afastados pela correria da vida.

De fato, a igreja se mostrou um celeiro de amizades. Desde que iniciei minha caminhada cristã, conquistei amigos com quem já chorei e sorri, e que conhecem tanto minhas fraquezas como minhas virtudes. Eles me amam não pelo que tenho, mas por quem eu sou. Entendi que eu também deveria ser esse tipo de amigo para eles. Tenho buscado amar e cuidar desses que Deus colocou para caminhar comigo. De forma intencional, invisto tempo e energia nessas amizades, para que não aconteça comigo o que aconteceu com meu pai. Busco fortalecer os laços com as amizades que a vida adulta me proporcionou, para que essas amizades possam realmente florescer e para que, na velhice, tenha amigos verdadeiros ao meu lado.

OS DIFERENTES CÍRCULOS DE AMIZADE

É importante diferenciarmos "amigo" de "amigo". Há muitas pessoas que participam da nossa vida: aquelas que fazemos questão de convidar para nosso aniversário, aquelas com quem temos assunto para dois ou três dias, aquelas que nos aconselham, aquelas que conhecem nossos segredos. Mas todas são "amigas" da mesma forma?

Obviamente, não. E é importante saber diferenciar umas das outras, para não entregar "pérolas aos porcos", ou seja, para não confiarmos na pessoa errada, nem esperar certa atenção e entrega de pessoas que não nos devem isso. Podemos olhar para os diferentes círculos de amizade de Jesus e aprender um pouco sobre os diferentes amigos e o tratamento que cabe a cada um deles.

Os amigos estratégicos

Jesus tinha muitas pessoas ao seu redor. Uma multidão o seguia para cima e para baixo; dentre tantas, havia um grupo mais fiel, composto por, pelo menos, setenta discípulos que ouviam atentamente seus ensinos e cumpriam fielmente suas ordens (cf. Lucas 10:1-24). Esses eram amigos estratégicos: Jesus ensinava a eles coisas que não compartilhava com a multidão e contava com eles em sua missão de anunciar o reino de Deus. Mas não ceou com eles antes da sua morte, nem contou com algum desses no Getsêmani.

Em nossa vida, teremos e precisaremos de amigos estratégicos. São pessoas que, talvez nunca entrem em nossa casa, mas se sentarão conosco em uma mesa de planejamento, discutirão estratégias de negócio ou ministeriais ou, talvez, deem carona para os nossos filhos até o treino de futebol. São aquelas pessoas que fazem as conexões funcionais da nossa vida: apresentam uma oportunidade de emprego, conhecem o telefone de um excelente encanador ou se tornam parceiros de atividade física, animando-nos a sair da cama de madrugada e ir para a academia.

Encontramos esses amigos estratégicos nos negócios, na igreja, no bairro, na escola de nossos filhos. São homens que encontramos de vez em quando, ou até mesmo uma vez por ano, mas sempre estão de braços abertos para nos ajudar quando mandamos uma mensagem pedindo uma ajuda pontual. Na minha experiência, são pessoas que promovem meu ministério em suas redes de contato e abençoam minha vida mesmo de longe.

São pessoas importantes para fazer nossa vida girar, mas não são pessoas que têm acesso às profundidades de nossa caminhada. Percebe a diferença? Há outros círculos mais próximos de amizade que têm acesso ao que realmente se passa em nosso íntimo.

Os companheiros de jornada

Jesus provavelmente escolheu seus doze apóstolos de dentro do grupo maior de seguidores, separando-os dos setenta (Lucas 6:13). Enquanto os setenta foram capacitados para uma missão específica, os doze receberam "autoridade para expulsar espíritos imundos e curar todas as doenças e enfermidades" (Mateus 10:1). Foram os pés desses doze que Jesus lavou, e com os quais compartilhou sua última ceia em vida (Mateus 26:20).

Em nossa trajetória, teremos pessoas que caminham conosco, compartilham dos mesmos princípios e gostam das mesmas coisas. Podem fazer parte da nossa equipe ministerial ou do nosso pequeno grupo. Frequentam nossa casa, oramos juntos e até viajamos juntos, mas, ainda assim, são companheiros, e não amigos íntimos. Compartilhamos com eles muito de nossa vida, mas não nossos segredos.

Os companheiros de jornada são importantíssimos. Eles contribuem com nossa caminhada, da mesma forma que contribuímos com a deles. Mas como não acessaram as áreas mais profundas da nossa vida, é necessário cautela antes de fazer deles nossos confidentes e amigos íntimos. É preciso que haja confiança real para dar esse passo.

Muitas vezes, nos frustramos com companheiros de jornada porque confundimos tempo juntos com intimidade. Confiamos precocemente ou ingenuamente. Contamos segredos e abrimos o coração antes da hora, sem que eles — nem nós — estivessem preparados para lidar com isso. Essa confiança infundada pode gerar fofocas, mal-entendidos, afastamento ou até uma indiferença que nos machuca.

Tenho amigos do meu círculo íntimo que encontro cara a cara apenas duas ou três vezes por ano; quando estamos juntos, porém, alcançamos um nível de profundidade em nossa conversa que faz parecer que convivemos todos os dias. Por outro lado, tenho companheiros de jornada que fazem parte da minha equipe ministerial

CULTIVANDO AMIZADES VERDADEIRAS

e com os quais me encontro frequentemente. Nós conversamos bastante e nos divertimos, mas não temos intimidade emocional.

O círculo íntimo

Por fim, Jesus possuía um grupo mais próximo, composto por apenas três dentre os doze apóstolos: Pedro, Tiago e João. Eles ouviram tudo o que os setenta ouviram, e viveram as mesmas experiências dos doze. Mas houve momentos íntimos aos quais apenas eles tiveram acesso. Eles estiveram com Jesus na transfiguração (Mateus 17:1-3), viram-no ressuscitar a filha de Jairo (Marcos 5:37) e foram convocados para sustentá-lo no Getsêmani, pouco antes da crucificação (Mateus 26:37).

Do mesmo modo, precisamos identificar quem são as pessoas que queremos ter ao lado nos momentos cruciais da nossa vida. O círculo íntimo é composto por aqueles a quem abrimos o coração e que participam das nossas lutas mais profundas. São pessoas que permanecem conosco na saúde e na doença, na riqueza e na pobreza.

Dizem que, para conhecer um amigo de verdade, é preciso passar por uma crise. Demétrio de Falero, discípulo do filósofo Aristóteles, disse: "Os amigos verdadeiros são aqueles que vêm compartilhar a nossa felicidade quando os chamamos, e a nossa desgraça sem serem chamados". Você e eu enfrentaremos momentos de dificuldade, e é muito importante nos cercarmos, nessas horas, de amigos verdadeiros e íntimos. A Bíblia diz que "O amigo ama em todos os momentos, mas na adversidade nasce um irmão." (Provérbios 17:17). Esses irmãos nascidos da angústia, tão poucos que conseguimos contar nos dedos de uma mão, devem ser priorizados.

TODO MUNDO PRECISA DE UM MENTOR

Além dos amigos, devemos contar com outro tipo de pessoa em nossa caminhada: gente mais experiente do que nós, que nos ajuda a crescer com sua orientação e seus conselhos. Não se trata de uma relação de amizade, mas de mentoria. Geralmente são pessoas mais velhas, das quais nos aproximamos (ou que se aproximam de nós) com o intuito exclusivo de nos orientar. O apóstolo foi mentor de jovens pastores, como Timóteo (1Timóteo 1:3) e Tito (Tito 1:5), e os ensinou a serem mentores de outros também (cf. 2Timóteo 2:2; Tito 2:6-7).

Se você observar, verá que todo grande atleta ou todo profissional de alta performance possui alguém que o orienta e lhe mostra o próximo passo da jornada. São seus treinadores, conselheiros ou mentores. Da mesma forma, precisaremos, em certas áreas da vida, de alguém que já venceu onde queremos vencer. Precisamos ser humildes para aprender e dispostos para ouvir verdades que, talvez, não gostaríamos de ouvir. Tudo isso é necessário para nosso crescimento. Tenho e tive mentores em áreas específicas da vida, e cresci porque recebi o apoio e o ensino de quem sabia muito mais do que eu.

Verifique em que área da sua vida você tem tido dificuldades para crescer, ou até mesmo para superar desafios. Pode ser na sua vida profissional, espiritual, conjugal, emocional, financeira etc. Busque o conselho de alguém mais experiente, ou profissionalmente habilitado para isso. Não espere a situação ficar por um fio para buscar ajuda especializada, nem imagine que o problema se resolverá sozinho.

Um alerta: esse mentor não precisa ser necessariamente um homem. Considere contar com a experiência e a sabedoria de mulheres para mentoreá-lo também.

Como escolher um bom mentor?

- Afinidade de valores: certifique-se de que a visão e os princípios do mentor estão alinhados aos seus.
- Experiência relevante: escolha alguém que tenha superado os desafios que você enfrenta ou tenha domínio na área desejada.
- Abertura ao diálogo: o mentor deve estar disposto a compartilhar e orientar com sinceridade.

Agora é com você: liste a seguir áreas de sua vida que necessitam de um empurrãozinho para decolar. Anote ao lado o nome de pessoas que poderiam mentoreá-lo nessas respectivas áreas. Se não conhecer alguém capacitado nessa área, recorra aos seus diversos círculos de amizade: talvez alguém tenha um nome para indicar.

Seja intencional nesse planejamento. Ele pode ser o passo que faltava para uma nova fase da sua história.

ÁREA	MENTOR(A)

Sugestões de áreas: espiritual, financeira, relacionamento conjugal, saúde e bem-estar, saúde emocional, crescimento profissional, liderança.

AMIGO SE CULTIVA

Relacionamentos profundos não acontecem por acaso. É preciso intencionalidade para construir amizades sólidas que nos fortaleçam nos dias bons e nos sustentem nos dias difíceis. Precisamos de colegas que nos acompanhem no cotidiano, amigos chegados que conheçam nossa alma, companheiros de ministério que compartilhem o mesmo chamado, e mentores que nos desafiem a crescer e amadurecer.

O apóstolo Paulo é um grande exemplo de alguém que entendeu o valor de se cercar de amigos em sua caminhada. Ele tinha ao seu lado homens e mulheres que o apoiavam, exortavam, animavam e oravam por ele. Em suas cartas, vemos nomes como Timóteo, Tito, Silas,

Barnabé, Priscila e Áquila — pessoas que não apenas fizeram parte de sua história, mas que também ajudaram a sustentar a expansão do evangelho no primeiro século. Em 2Timóteo 1:16,17, Paulo menciona Onesíforo, alguém que "muitas vezes ele me reanimou e não se envergonhou pelo fato de eu estar preso", mas, ao contrário, "procurou-me diligentemente até me encontrar". Que retrato poderoso da importância de ter amigos leais e presentes!

> **Em um mundo que valoriza a independência e o isolamento, Deus nos chama a viver conectados.**

Em um mundo que valoriza a independência e o isolamento, Deus nos chama a viver conectados. Ele sabe que amadurecemos e florescemos melhor quando estamos plantados em solo fértil de relacionamentos verdadeiros. E não apenas sermos fortalecidos, como também fortalecermos outros. É sobre isso que falaremos no próximo capítulo: como fazemos parte de uma comunidade que serve. Somos chamados não apenas a receber apoio, mas a ser apoio. A igreja é o lugar em que amizades florescem e aprendemos, juntos, a viver o amor de Cristo em ação.

Oração de força e legado

Senhor, ajuda-me a reconhecer o valor das amizades verdadeiras e a investir tempo e amor nelas. Que eu não viva isolado nem cercado de relações superficiais. Ensina-me a ser um amigo leal, que escuta, encoraja e caminha junto. Livra-me de falsos vínculos e aproxima-me de pessoas que me levem para mais perto de ti. Que minhas amizades sejam saudáveis, duradouras e façam parte do legado que deixarei neste mundo. Em nome de Jesus, amém.

Homem de reflexão

1. Tenho cultivado amizades que me aproximam de Deus e me fortalecem como homem?
2. Quais amizades têm me feito crescer e quais têm me puxado para trás?
3. Estou sendo um amigo leal, presente e confiável?
4. Como posso investir mais tempo e energia em amizades saudáveis?
5. Tenho coragem de ser vulnerável com amigos maduros e espiritualmente sólidos?
6. Que tipo de influência espiritual estou exercendo nos meus amigos?
7. Que mudanças posso fazer para ser um homem que edifica relacionamentos profundos?

Biografia de força e legado

João

Força no amor, legado na verdade

João, filho de Zebedeu, é lembrado como "o discípulo amado", mas seu apelido anterior dizia outra coisa: junto com seu irmão Tiago, era chamado por Jesus de "filho do trovão". Impulsivo e intenso, João queria fogo do céu para punir os samaritanos, mas foi transformado pela convivência com Cristo em um exemplo de ternura, profundidade e fidelidade.

Sua força não era barulhenta. Ela apareceu quando ficou ao lado de Jesus até o fim, aos pés da cruz, enquanto outros discípulos fugiam. Foi a ele que o Mestre confiou o cuidado de Maria, sua mãe. E foi também ele quem correu ao túmulo e, mesmo sendo o primeiro a chegar, deu lugar a Pedro — um gesto de humildade que reflete seu coração moldado.

João nos ensina que o amor é uma força poderosa e viril — porque sustenta, restaura e permanece. Viveu mais do que os outros apóstolos, tornando-se ancião da igreja e autor de textos que falam com doçura e firmeza sobre a luz, a verdade e o amor de Deus. Suas epístolas são testemunho de alguém que conheceu o coração de Cristo de perto e viveu à altura desse chamado.

Seu legado é duplo: uma teologia profunda enraizada na experiência pessoal com Jesus e uma vida de fidelidade que resistiu ao tempo, à perseguição e ao exílio. João mostra que a força de um homem também pode ser silenciosa, constante e cheia de amor.

• CAPÍTULO 17 •

UMA COMUNIDADE QUE SERVE

MUITO SE ESPECULA A RESPEITO da riqueza dos judeus e dos segredos que fazem deles um povo próspero, apesar dos séculos de perseguição e extermínio que sofreram. Dizem que parte desse segredo está no fato de viverem intensamente em comunidade, não apenas cuidando da própria vida, mas cuidando do próximo e contribuindo com o ambiente em que estão inseridos.

Os judeus creem que o sucesso material é bênção de Deus, portanto, deve ser utilizado para promover a justiça social e a caridade. O termo que usam para isso é *tzedaká*, que vem da raiz hebraica que significa "justiça". A caridade, no contexto judaico, não se trata de mera doação, mas de um ato de justiça, uma vez que os bens materiais, sendo uma concessão divina, devem ser usados para ajudar os necessitados. A prática da *tzedeká* é uma busca constante. Prosperar, para eles, não faz sentido se não colaborarem com a sociedade na qual estão envolvidos.

Vemos um exemplo dessa prática no Brasil, na vida de Elie Horn, fundador da incorporadora Cyrela, uma das maiores construtora de imóveis do país. Horn nasceu em 1944, na Síria, em uma família judia e imigrou para o Brasil ainda criança. Ao longo da vida, os vínculos com sua fé e com os valores da tradição judaica, especialmente no que diz respeito à *tzedaká* e ao compromisso ético nos negócios.

Segundo a revista de economia *Forbes*, Horn possuía, em 2023, uma fortuna estimada em R$ 3,1 bilhões.[1] Ele destinou 60% desse

---

[1] ISTOÉ DINHEIRO. Após decisão de doar 60% da fortuna em vida, Elie Horn tenta convencer outros brasileiros. Disponível em: https://istoedinheiro.com.br/

valor para a caridade. Ele disse: "O bem é algo que dá sentido a tudo que você faz de bom. Enquanto tiver cabeça, saúde e recursos, eu quero fazer o bem até o fim da minha vida, até os últimos dias".[2]

Em outubro de 2024, Horn lançou a iniciativa *Think Tank do Bem*, com o objetivo de estimular a cultura de doação e promover ações sociais transformadoras no Brasil. Sua prerrogativa é a de que "doar dinheiro é muito bom, mas não basta. Você tem que fazer outras pessoas fazerem o mesmo".

Creio firmemente que precisamos adotar a prática da *tzedeká* em nossa realidade, investindo nosso tempo, conhecimento e recursos em nossa comunidade, dando atenção especial aos que mais necessitam de ajuda. Podemos não apenas melhorar nosso relacionamento com a comunidade, fazendo a diferença em alguma área da sociedade em que estejamos envolvidos, mas também, seguindo o exemplo de Elie Horn, envolver nossos amigos em projetos de caridade e iniciativas de ajuda.

O CONSTRUTOR DE PONTES

Networking é um termo do mundo coorporativo que se refere à construção de relacionamentos profissionais que abrem oportunidades de emprego, negócios e parcerias. Fazer conexões é uma excelente estratégia porque nutrir relacionamentos propositais pode abrir portas que nenhum currículo conseguiria por conta própria. A chave de um bom networking, porém, não é focar apenas em alcançar seus próprios interesses, mas estabelecer conexões verdadeiras. Relacionamentos interpessoais não são escadas que subimos, mas pontes que construímos.

Agora, pense no alcance e no poder de um networking que buscasse oportunidades não para si mesmo, mas para ajudar a quem mais precisa? Imagine um networking voltado para auxiliar alguém

---

apos-decisao-de-doar-60-da-fortuna-em-vida-elie-horn-tenta-convencer-outros-brasileiros/. Acesso em: 19 dez. 2024.

[2] SÓ NOTÍCIA BOA. Bilionário brasileiro decidiu doar 60% da sua fortuna: o bem que dá sentido à vida. Disponível em: https://www.sonoticiaboa.com.br/2024/10/27/bilionario-brasileiro-decidiu-doar-60-da-sua-fortuna-o-bem-que-da-sentido-a-vida. Acesso em: 19 dez. 2024.

a conseguir um emprego, facilitar a entrega de uma cesta básica, organizar um mutirão para arrecadar roupas ou preparar um sopão comunitário. Essas são ações simples que ganham muita força quando feitas em conjunto. Podemos usar o nosso networking da vida para movimentar, transformar e abençoar a comunidade em que vivemos ou nossa igreja local.

Deus nos deu a capacidade de conectar pessoas. É algo que podemos desenvolver e aperfeiçoar. Diversas pessoas ao nosso redor precisam de ajuda. Podemos suprir algumas necessidades, mas outras serão mais bem atendidas por pessoas da nossa rede de relacionamento. Para fazer isso, precisamos prestar atenção nas pessoas que estão perto da gente. Devemos ser sensíveis, capazes de reconhecer e ouvir um pedido de ajuda. Por outro lado, também precisamos ouvir com atenção as experiências e testemunhos que outras pessoas nos contam. Conhecendo bem nossos amigos e colegas, seremos capazes de levar os recursos até onde serão bênção na vida daqueles que precisam. Agindo assim, seremos a resposta de Deus à oração de alguém.

O chamado para ser uma ponte é algo muito sério, não apenas no reino de Deus, mas também em reuniões de negócios ou em conversas com amigos. É preciso agir de forma intencional, buscando conhecer e conectar as pessoas de modo a transformar a sociedade ao nosso redor.

Entendo que Deus nos chamou para sermos semeadores. Foi Ele que nos colocou em nossas comunidades, que nos deu as posições de influência que temos e as amizades que desenvolvemos porque deseja nos usar para compartilhar o que aprendemos e recebemos, gerando frutos. Quando você conhecer alguém, peça a Deus para usá-lo como semeador de bênçãos naquela vida, por meio de uma palavra, uma amizade, uma oportunidade ou uma conexão que possa frutificar.

Meu objetivo pessoal é semear algo de valor na vida de cada pessoa com quem eu me conectar. Desejo exalar o bom perfume de Cristo por meio do que eu falar ou fizer. Sinto que esse é o meu chamado e faço disso uma busca diária. No meu escritório, há um post-it com a frase: "O que posso fazer de diferente por alguém hoje?". E você? O que fará por alguém que pode cruzar seu caminho hoje?

> "O que posso fazer de diferente por alguém hoje?".

PAGANDO PARA SERVIR

O primeiro evento cristão do qual participei foi um divisor de águas na minha vida. Foi um evento de três dias de imersão, voltado exclusivamente para homens, realizado pela igreja da qual minha família faz parte hoje. Quando participei desse evento de evangelismo, já estava em minha busca por Deus. Lá, eu o encontrei de uma forma completamente diferente.

No evento havia mais de cem homens como eu, participando pela primeira vez e conhecendo mais profundamente a Palavra de Deus. Mas, além deles, havia também outros cem homens servindo aos participantes. E foi isso que me impactou. Todos aqueles homens, que se revezavam para servir no refeitório, lavar os pratos, limpar os banheiros ou organizar as cadeiras, haviam participado desse evento anteriormente e agora estavam ali, como voluntários, servindo a outros.

Essa atitude altruísta me encantou profundamente, pois não era comum nos ambientes em que eu havia vivido até então. Ver o amor de Deus refletido no serviço sincero de cada homem me marcou profundamente. Mas nada se comparou ao espanto que tive quando descobri que aqueles homens que nos serviam haviam *pagado* para estar ali. Isso mesmo. Eles haviam investido não apenas tempo, mas também dinheiro apenas para servir.

Para tudo!

Para mim, a conta não fechava. No mundo em que eu vivia até então, o lema é "Não existe almoço grátis". Tudo tem seu preço. E o tempo, acima de todas as coisas, era um bem precioso demais para ser desperdiçado. Por isso, deveria ser usado prioritariamente para gerar riqueza. Esse era o padrão de sucesso no meio em que eu cresci e me movia.

Mas ali era diferente. Os homens que nos serviam estavam sendo "remunerados" por algo que o dinheiro não paga. E eu só pude compreender isso quando, no evento seguinte, também paguei para estar na cozinha, para descascar batatas, lavar pratos e servir os homens que participavam da nova edição. Foi ali que entendi o valor real do servir com amor.

Naquele dia, entendi a diferença que há entre trabalhar por dinheiro, que era o que eu tinha feito desde que me entendia por gente, e trabalhar para Deus. Quando servi pela primeira vez no evento, atuava como diretor comercial de um banco, o que me dava, além de uma boa posição social, uma excelente remuneração. Apesar disso, revezar um dormitório com meus novos amigos e irmãos, uns vinte, talvez, no mesmo quarto, e lavar pratos para gente que eu nem conhecia era mais recompensador do que tudo o que meu cargo me proporcionava.

Isso é Jesus. Ele

> apesar de ser Deus,
> 	não considerou
> que a sua igualdade com Deus
> 	era algo que deveria ser usado como vantagem;
> antes, esvaziou a si mesmo,
> 	assumindo a forma de servo,
> tornando-se semelhante
> 	aos homens.
> Sendo encontrado
> 	em figura humana,
> humilhou-se
> 	e foi obediente até a morte,
> 	e morte de cruz! (Filipenses 2:5-8)

Isso é o agir de Deus em nossa vida, que nos faz preferir estar no propósito dele a viver os desígnios do mundo. E esse relacionamento de serviço, em especial na igreja, fará diferença na sua vida.

A maturidade me fez entender que a igreja não é apenas um lugar onde vou no fim de semana, como parte de uma rotina religiosa. Ela é um projeto de Deus. O pastor Carlito Paes diz que a igreja não é o ponto de chegada, mas o ponto de partida.[3] É dali que saímos para fazer a diferença no mundo.

Jesus disse que edificaria sua igreja (Mateus 16:18), mas concedeu a você e a mim a oportunidade de participar desse projeto. Somos

---

[3] PAES, Carlito. *A Igreja é o ponto de partida, não o ponto de chegada*. Disponível em: https://www.youtube.com/watch?v=ArXlpG8xQ6M. Acesso em: 31 mar. 2025.

coadjuvantes, e não figurantes, nessa história estrelada por Jesus. O cristianismo vai muito além de visitar um culto no domingo. Não podemos pensar que, só porque vamos à igreja, somos cristãos, assim como ir todo dia ao McDonald's não faz de você um hambúrguer. O mero fato de ir à igreja não muda quem você é. Ser cristão é seguir os passos de Jesus e fazer parte da obra de Deus.

MAS EU JÁ TRABALHO MUITO!

Em um mundo altamente exigente como o nosso, onde trabalhamos quase 24 horas por dia conectados ao celular, e onde esposa, filhos, amigos, esportes, hobbies e muitos boletos ocupam nossa vida, como encontraremos tempo para servir? Eu entendo você. Quando fui servir pela primeira vez naquele evento, lavando pratos durante quatro dias, eu era diretor de um banco. Vivia sob alto nível de estresse, com uma agenda atribulada, cobranças intensas e aquela falsa percepção de que as coisas só acontecem se estamos lá, fazendo.

Só entendi que poderia mudar quando dei o primeiro passo — e o mar se abriu. Quando dei por mim, estava fazendo coisas que, por dinheiro, talvez, eu nem fizesse. Mas fazia voluntariamente por amor, um amor que me resgatou.

Dizem que, certa vez, um milionário, ao visitar um leprosário de madre Teresa de Calcutá, viu-a cuidando dos doentes com todo o amor. O homem comentou em voz alta, para o grupo que o acompanhava: "Eu não faria isso por dinheiro nenhum no mundo". Madre Teresa ouviu o comentário e respondeu: "Eu também não faria isso por dinheiro nenhum".

Servir a Cristo está além do entendimento deste mundo. Você está sendo convocado para a seleção de Deus. Vem com a gente mudar o mundo.

DEUS ESCOLHE IMPROVÁVEIS

Um pastor que marcou minha vida como referência de líder e mudou minha forma de servir a igreja foi Bill Hybels, pastor da megaigreja Willow Creek, em Illinois, EUA. Certa vez, ele disse que ir a um estádio era uma grande aventura para um homem. Era um momento divertido de desopilar, gritar, vibrar, e os homens precisavam disso de vez em quando. Mas, ele acrescentou, nada se compara a entrar em campo, cruzar a bola, fazer o passe para um companheiro de time e ver o gol.[4]

Presenciar a vitória na obra de Deus como parte da equipe muda tudo. Sempre treinei minha equipe de ministério — e também meus filhos — a agradecerem a Deus após um evento, pela oportunidade de terem participado da equipe de Deus para mudar o mundo.

Talvez, você esteja pensando: "Eu não sei fazer nada"; "Estou em uma crise financeira"; "Sou meio devagar". Quero lembrá-lo do que você, muito provavelmente, já sabe: a Bíblia é a história dos improváveis. De pessoas que não tinham a mínima condição de fazer o que fizeram, mas o fizeram porque o Espírito Santo realizou a obra de Deus por meio dessas vidas. Se analisar os apóstolos de Jesus, verá um grupo de homens que, talvez, você e eu não escolheríamos para trabalhar conosco:

> A Bíblia é a história dos improváveis.

- Pedro era impulsivo;
- Tomé era questionador;
- Mateus era cobrador de impostos;
- Tiago e João eram egoístas e queriam ser melhores do que os outros.

E o apóstolo Paulo? Assassino de cristãos. Mas a partir do encontro com Jesus, esses homens mudaram o mundo. Dois mil anos depois, estamos aqui falando sobre o evangelho porque Jesus escolheu esses improváveis para levarem adiante sua mensagem de salvação. Jesus não escolheu os apóstolos por causa de suas perfeições, mas por causa do potencial deles, de seus corações dispostos e de sua obediência. Ele os transformou, capacitando-os a realizar obras grandiosas pelo poder do Espírito Santo. É nele que todas as coisas são feitas, conforme Ele mesmo disse ao apóstolo Paulo: "Minha graça é suficiente para você, pois o meu poder se aperfeiçoa na fraqueza" (2Coríntios

---

[4] Se você deseja crescer na área de voluntariado, sugiro a leitura das seguintes obras dele: *Revolução do voluntariado* (São Paulo: Vida, 2013); *Descontentamento santo* (São Paulo: Vida, 2000) e *Liderança corajosa* (São Paulo: Vida, 2004).

UMA COMUNIDADE QUE SERVE

12:9). Da mesma forma, amigo, quando você levantar a mão e dizer: "Eis-me aqui", Ele o usará. Amém?

O que não podemos esquecer é que, mesmo todos tendo defeitos — como você e eu temos — Jesus não chamou nenhum desocupado. Ele chamou batalhadores, empreendedores, pessoas que trabalhavam com níveis altos de excelência. Jesus não procura ociosos, Ele procura um coração entregue.

Depois de estruturar nossos relacionamentos, estamos prontos e autorizados a prosperar. É a hora do grande salto: você merece voar mais alto. É sobre isso que iremos tratar na próxima — e última — parte do livro.

Oração de força e legado

Pai, coloca em mim um coração disposto a servir. Que eu não seja apenas espectador na comunidade de fé, mas alguém que se entrega com alegria para edificar os outros. Mostra-me como posso ser útil, como posso abençoar, como posso estender a mão com generosidade. Que meu serviço não seja movido por reconhecimento, mas por amor e gratidão. Que minha vida seja usada para construir uma igreja forte, acolhedora e relevante. Em nome de Jesus, amém.

Homem de reflexão

1. Tenho servido com alegria e disposição na minha igreja ou comunidade de fé?
2. Estou envolvido em algo que contribui ativamente para o crescimento de outros?
3. Como posso identificar e colocar em prática os dons que Deus me deu?
4. Tenho visto o serviço como privilégio ou como obrigação?
5. O que está me impedindo de servir mais e com excelência?
6. Em que área da igreja posso ser mais útil, ainda que não receba reconhecimento?
7. Que legado de serviço estou deixando na vida das pessoas e na minha comunidade?

Biografia de Força e Legado

Estevão

Força no testemunho, legado na semente do martírio

Estevão foi um dos primeiros diáconos da igreja primitiva — um homem cheio de fé, sabedoria e do Espírito Santo. Sua força não estava na espada nem na influência política, mas na firmeza com que defendia a verdade do evangelho diante dos poderosos de sua época. Sua vida foi breve, mas seu impacto eterno.

Com ousadia, pregou sobre a fidelidade de Deus e denunciou a dureza de coração do povo que rejeitava o Messias. Não buscava agradar, mas apontar para Cristo com clareza. Diante do Sinédrio, manteve-se firme, com o rosto como de um anjo — expressão de paz em meio ao conflito. Enquanto era apedrejado, orou pelos que o matavam, ecoando as palavras de Jesus na cruz: "Senhor, não os consideres culpados deste pecado" (Atos 7:60).

Estevão foi o primeiro mártir cristão, e sua morte não foi o fim, mas o início de um movimento ainda mais forte. Entre os que assistiam estava Saulo, que mais tarde se tornaria Paulo — prova de que o sangue dos mártires é, de fato, semente da igreja.

Seu legado é o de um homem que nos mostra que a masculinidade bíblica passa pela coragem de permanecer fiel até o último suspiro. Estevão nos ensina que há força em morrer com dignidade, e há legado em viver com convicção, mesmo que isso custe tudo.

FASE 4

UMA VIDA EXTRAORDINÁRIA: A JORNADA DA PROSPERIDADE

• CAPÍTULO 18 •

DECOLAGEM AUTORIZADA

A IGREJA BRASILEIRA TEM, nos últimos anos, oscilado entre dois polos no que diz respeito à prosperidade. Essa tensão entre os dois lados tem sido motivo de dúvida e insegurança para muitos de nós.

De um lado, há a teologia da prosperidade, que ensina que Deus deseja que seus filhos sejam prósperos em todas as áreas, especialmente na financeira. Essa doutrina parte da ideia de que fé, palavras positivas, ofertas generosas e obediência a Deus resultam automaticamente em bênçãos visíveis, como riqueza, sucesso profissional, saúde e bem-estar. Os excessos cometidos pelos pregadores dessa doutrina fizeram com que, em certos contextos, a simples menção a "prosperidade" se tornasse pecado.

Do outro lado, há uma linha que prega contra o lucro e a riqueza, criando o que vou chamar de "teologia da escassez". Segundo essa visão, não podemos ser ricos porque o rico é mau e não pode herdar o reino dos Céus. Em alguns casos, os defensores dessa linha de pensamento acreditam que qualquer sucesso— até mesmo o da própria igreja! — é sinônimo de pactuar com o mundo.

Em vez de buscar um meio-termo, creio que o mais sensato é ir à Bíblia. Um dos livros que mais me empolga nas Escrituras é o de Josué. Ele conta a história de um grande líder — um homem otimista, corajoso e fiel aos seus propósitos. Ele liderou Israel na conquista de Canaã, dividiu a terra conforme Deus havia ordenado, relembrou ao povo sua aliança com o Senhor e, no fim da vida, expressou total fidelidade a seu Deus, declarando: "Eu, porém, e a minha família serviremos ao Senhor." (Josué 24:15).

Isso, sim, é prosperidade!

Pessoas têm reduzido prosperidade à riqueza material, mas a Bíblia ensina que prosperidade é ser abençoado e bem-sucedido no que você fizer. E isso vem de Deus: "Sei também que poder comer, beber e ser recompensado por todo o seu trabalho é um presente de Deus" (Eclesiastes 3:13).

Outro exemplo bíblico de prosperidade foi José. Lemos que "O Senhor estava com José, de modo que ele foi um homem próspero" (Gênesis 39:2). José foi um homem que tinha tudo para desistir, para ser pessimista e murmurador. Foi vendido como escravo pelos próprios irmãos, depois foi injustiçado pela patroa e preso. Se alguém acompanhava, naquele momento, a trajetória desse homem aparentemente fracassado, jamais pensaria que ele, em alguns anos, se tornaria o primeiro homem do governo de faraó. Em todo momento, José manteve sua integridade e fé, e seguiu os propósitos de Deus. No tempo certo, foi elevado à posição de governador do Egito e realizou uma administração próspera que salvou a população daquela região e marcou a história daquele povo.

Talvez alguns olhem para o sucesso de José e, claro, desejem o mesmo destino. Mas provavelmente ninguém quer passar pelo que ele passou. No entanto, é preciso olhar para a história de José e compará-la à nossa, porque, em algum momento da vida, também fomos injustiçados, traídos ou nos sentimos presos em alguma situação. Quem sabe é onde você se encontra nesse momento, e sua vontade é desistir: desistir de seus princípios, desistir de lutar, desistir até de viver. Não faça isso. Deus chamou José para ser próspero, assim como chamou você.

O segredo para a prosperidade é seguir os princípios que estão na Palavra. Foi o conselho que Josué recebeu e seguiu à risca: "Não deixe de mencionar as palavras deste livro da lei e de meditar nelas de dia e de noite, para que você cumpra fielmente tudo o que nele está escrito. Desse modo, você fará prosperar os seus caminhos e será bem-sucedido" (Josué 1:8). Deus deseja que seus filhos prosperem, mas para isso é necessário seguir seus ensinamentos e ser fiel. Isso mostra que a prosperidade não vem sem esforço: não é um passe de mágica nem algo que você recebe como pagamento por uma oferta generosa. Vai muito além: tem a ver com obediência, meditação e fidelidade.

SAINDO DA MÉDIA

Muitos homens não têm prosperado por não serem diligentes no que fazem e por perderem tempo com coisas que não geram progresso nem têm relação com seu propósito. Com isso, se afastam cada vez mais da prosperidade. Segundo o escritor Larry Stockstill, "Você é quem é devido à agenda diária que você tem mantido".[1]

Sempre acreditei que a média é um lugar perigoso para se viver em qualquer área. Na mesma medida em que está a um passo do sucesso, a média está também a um passo do fracasso — esse risco, eu não quero correr. O pastor Carlito Paes aponta que, "nos esportes e na vida, a média existe porque alguém foi medíocre e alguém foi excelente. Trabalhe e viva para a excelência, onde estiver".[2] Na mesma linha, pastor Erwin Raphael McManus afirma que "A média sempre é uma escolha segura, e esta é a escolha mais perigosa que podemos fazer. A média nos protege do risco do fracasso, e ela também nos separa de um futuro de grandeza".[3]

Em tudo o que faço, busco dar meu melhor, sair da média e me aproximar do topo, onde habitam o êxito e o sucesso. Se você quer prosperar, terá de mudar algumas áreas da sua vida. Terá de buscar excelência onde ela ainda falta e fazer sua parte para que a prosperidade não se resuma a cifras no banco, mas a viver a plenitude que o Pai tem para você (João 10:10).

Prosperidade verdadeira começa com a transformação da mente e a busca intencional pela excelência em tudo o que fazemos. Mas a prosperidade que Deus planejou para nós é completa: ela se estende também ao cuidado com o corpo e a saúde. No próximo capítulo, vamos refletir sobre a prosperidade física, honrando a Deus com nossas escolhas e administrando bem o templo que Ele nos confiou.

---

[1] STOCKSTILL, *Um homem exemplar*, p. 109.
[2] PAES, *Homens imparáveis*, p. 27.
[3] MCMANUS, *A última flecha*, p. 17.

Oração de Força e Legado

Deus, quero romper as barreiras que me mantêm no chão. Que toda limitação, medo ou acomodação seja deixada para trás, e que eu avance com fé rumo à vida plena que planejaste para mim. Dá-me ousadia para sair do ponto de partida e confiança para voar alto, mesmo diante dos desafios. Que cada passo, cada escolha, cada movimento me leve mais perto do propósito eterno que traçaste para mim. Em nome de Jesus, amém.

Homem de Reflexão

1. O que está me impedindo de sair do lugar e viver tudo o que Deus tem para mim?
2. Tenho procrastinado decisões que podem transformar minha vida?
3. Em que área preciso dar um passo de fé, mesmo sem ter todas as respostas?
4. Quais medos ou inseguranças preciso enfrentar para começar a avançar?
5. Estou realmente disposto a deixar a zona de conforto e me lançar no chamado de Deus?
6. Que recursos, dons ou experiências estão adormecidos e precisam ser ativados?
7. Qual é o primeiro passo prático que posso dar hoje rumo ao meu propósito?

BIOGRAFIA DE FORÇA E LEGADO

Barnabé

Força no encorajamento, legado na formação de outros

Barnabé, cujo nome significa "filho da consolação", foi um dos personagens mais influentes e discretos da igreja primitiva. Sua força não estava na pregação pública ou em milagres vistosos, mas na capacidade de perceber o valor das pessoas quando ninguém mais via — e de investir nelas com generosidade e paciência.

Foi Barnabé quem acolheu Saulo, recém-convertido, quando todos os outros discípulos ainda o temiam. Foi ele quem o apresentou aos apóstolos e, mais tarde, o buscou em Tarso para que trabalhassem juntos na igreja de Antioquia. Essa parceria viria a transformar o mundo.

Além disso, Barnabé foi generoso desde o início — vendeu um campo e entregou o valor aos pés dos apóstolos. Era homem de comunhão, com um coração voltado à edificação do corpo de Cristo. Quando João Marcos falhou em uma missão, foi Barnabé quem lhe deu uma segunda chance — e esse jovem mais tarde se tornaria uma figura-chave na história da igreja.

Seu legado é o de um formador de líderes, um mediador de reconciliações, um construtor de pontes. Barnabé nos ensina que há uma força silenciosa e poderosa em quem encoraja, restaura e insiste quando todos desistem. A masculinidade bíblica também se expressa em mansidão, firmeza de caráter e na disposição de levantar outros para que cheguem mais longe.

• CAPÍTULO 19 •

VOCÊ FOI FEITO PARA PROSPERAR FISICAMENTE

QUANDO CHEGUEI NA CASA dos 40, tomei algumas providências quanto à saúde. Policiei mais minha alimentação, fiz musculação, tomei mais sol e fiz reposição nutricional. Também começaram as consultas periódicas no oftalmologista, porque ganhei um novo acessório: os óculos — se você já chegou aos 40, provavelmente os conhece muito bem.

Nessa fase, entendi que prosperidade também significa cuidar da saúde. O que hoje fazemos pelo corpo, e com ele, impacta diretamente a saúde de amanhã. Como dizem por aí: "O exercício que você não faz hoje é proporcional aos remédios que comprará amanhã". Sim, porque temos um estoque interno de saúde. Para ativá-lo, precisamos ser intencionais no cuidado com o corpo, entendendo que, quanto mais o conservarmos, melhor e por mais tempo iremos usá-lo. Citando o pastor Carlito Paes, "O seu estilo de vida determinará onde você chegará".[1] A diferença entre quem você é e quem quer ser está no que você faz. Por isso, você precisa iniciar agora o processo que o levará à prosperidade também em seu corpo.

> A diferença entre quem você é e quem quer ser está no que você faz.

Certa vez, ouvi o Dr. Lair Ribeiro dizer: "Aquele que não tem tempo para cuidar da saúde vai ter que arrumar tempo para cuidar da

---

[1] PAES, *Homens imparáveis*, p. 28.

doença." Por isso, avalie com sinceridade de que forma você tem cuidado de seu corpo. Você tem vivido de maneira que o nutra, fortaleça e prepare para os desafios do dia a dia, ou de modo que, silenciosamente, irá minar sua vitalidade e prejudicando seu futuro?

Pense comigo: se você possuísse uma Ferrari F80, avaliada em 4 milhões de dólares, iria abastecê-la em qualquer posto, com o combustível mais barato? Claro que não. O carro não terá desempenho máximo se não receber o combustível adequado. Você pode estar pensando: "Mas eu jamais teria condições de bancar uma máquina dessas". No entanto, você tem algo muito mais precioso. Seu corpo vale muito mais do que 4 milhões de dólares. É a máquina mais poderosa da terra, um presente que o próprio Deus lhe deu. Cabe a você fazer a manutenção adequada, colocar o melhor combustível disponível e mantê-la em ordem para que ela também tenha desempenho máximo. Depende de você como quer concluir sua jornada: empurrando sua Ferrari ladeira abaixo para ver se ela pega no tranco ou passeando tranquilamente com os netos e bisnetos no banco do passageiro.

E HOMEM VAI PARA MÉDICO?

Você bem sabe que é difícil homem ir ao médico. Pode ser por medo, preconceito, fatores sociais ou falta de informação. Geralmente vamos ao médico em último caso. Isso me faz pensar que, embora o homem seja corajoso para algumas coisas, em outras, ele é muito medroso para outras. Temos medo de descobrir uma doença grave, de ter o desconforto do exame do toque, de fazer outros exames constrangedores e descobrir que não somos mais os meninões da juventude. Esse medo bobo nos afasta dos cuidados preventivos que podem prolongar nossa vida e, o mais importante, a qualidade com que iremos vivê-la.

Segundo o Instituto Lado a Lado pela Vida,[2] que iniciou a campanha Novembro Azul no Brasil, pela prevenção do câncer de próstata, 62% dos homens vão ao médico apenas quando sentem dor

---

[2] LABORATÓRIO CELLA. Saúde masculina: afinal, por que os homens vão menos ao médico? Disponível em: https://laboratoriocella.com.br/saude-masculina-afinal-por-que-os-homens-vao-menos-ao-medico/. Acesso em: 13 jan. 2025.

insuportável. Um estudo conduzido pelo Centro de Referência em Saúde do Homem de São Paulo afirma que 70% dos brasileiros procuram um médico depois de insistência da mulher ou dos filhos.[3] Tudo isso contribui para a menor expectativa de vida dos homens brasileiros, sete anos mais baixa que das mulheres.[4]

Nossa geração tem acesso a muita informação e amplos cuidados. Não podemos mais alegar falta de conhecimento. Todo homem adulto sabe o quanto a prevenção é necessária para manter a saúde. Precisamos cuidar de nossa vida para vivermos mais e melhor, sendo capazes de desfrutar da companhia de nossos familiares, sem sermos um peso para eles. Defina uma rotina de cuidado com a máquina preciosa que Deus lhe deu. Nosso corpo não nos pertence; ele é do Senhor (cf. 1Coríntios 6:13). Seja um mordomo fiel.

Se você passou dos 40 e não fez ainda o importante exame de próstata, saiba: é incômodo, mas muito menos do que um tratamento de câncer de próstata. Esse é o segundo tipo de câncer mais comum entre os homens brasileiros (ficando atrás apenas do câncer de pele não melanoma) e o sexto mais comum no mundo. Mesmo sendo uma doença grave, o que temos visto é que o preconceito e a falta de informação são grandes obstáculos para o diagnóstico precoce.

QUEIMANDO AS CALORIAS DA VIDA

Quando criança, tive a oportunidade de experimentar diversos esportes. Judô, basquete, vôlei e futebol, entre outros, faziam parte do meu tempo fora da escola. No colégio, qualquer intervalo era motivo de festa. Na rua de casa, eu perdia completamente a noção do tempo de tanto que me divertia, e só percebia que já estava de noite quando ouvia o grito da minha mãe na esquina: "Darrinho, já passou da hora do banho!".

---

[3] BVSMS. Saúde do homem: prevenção é fundamental para uma vida saudável. Disponível em: https://bvsms.saude.gov.br/saude-do-homem-prevencao-e-fundamental-para-uma-vida-saudavel/. Acesso em: 7 abr. 2025.

[4] IBGE. Em 2023, expectativa de vida chega aos 76,4 anos e supera patamar pré-pandemia. Disponível em: https://agenciadenoticias.ibge.gov.br/agencia-noticias/2012-agencia-de-noticias/noticias/41984-em-2023-expectativa-de-vida-chega-aos-76-4-anos-e-supera-patamar-pre-pandemia. Acesso em: 13 jan. 2025.

VOCÊ FOI FEITO PARA PROSPERAR FISICAMENTE

Na juventude, não corria tanto quanto na infância, mas o esporte ainda fazia parte da rotina. Sempre que os estudos permitiam, eu parava para bater uma bolinha. Como todo adolescente, comi muito, talvez até mais do que deveria, mas contava com o metabolismo acelerado para queimar rapidamente boa parte do que consumia.

A grande questão é que a idade chegou. O metabolismo está funcionando em outro ritmo, a disposição diminuiu e, para completar, a agenda intensa de trabalho e responsabilidades quase não deixa tempo para um futebol.

Como arrumar tempo para se exercitar? Tempo, você já sabe, é uma questão de prioridades. Talvez, o que falte a muitos de nós, mais do que tempo, é motivação.

Um primeiro conselho é voltar ao princípio e buscar esportes ou atividades que você curtia na infância ou juventude. É mais fácil (ou menos penoso) fazer algo que lhe dá prazer. Outro conselho é cercar--se de pessoas que sejam ativas e o animem. Como o ambiente e as companhias influenciam nosso comportamento, procure amigos que gostem do mesmo esporte e pratique com eles.

Deixo, porém, um alerta: não se compare. Se for para se comparar, compare-se com quem você era ontem. O progresso pessoal é o verdadeiro objetivo. Comparar-se com homens que já praticam o esporte há anos é injusto e só atrapalha o seu processo.

> Se for para se comparar, compare--se com quem você era ontem.

Musculação: não adianta fugir!

Após incluir a prática de seu esporte preferido em sua rotina, você estará pronto para passar ao próximo nível: a musculação.

Tem gente que acha chato levantar peso — eu acho, francamente. Mas me convenci de que é necessário, não por estética, mas por saúde. O peso que levantamos hoje nos poupa de sermos um peso que, amanhã, alguém terá de carregar.

Estudos mostram as diversas vantagens da musculação:[5]

---

[5] O GLOBO. Musculação: o que é, benefícios e riscos. Disponível em: https://oglobo. globo.com/saude/guia/musculacao-o-que-e-beneficios-e-riscos.ghtml. Acesso em: 17 jan. 2025.

- Aumento da massa muscular.
- Aumento da densidade óssea e menor risco de fraturas.
- Maior flexibilidade das articulações, com melhora dos sintomas da artrite.
- Auxílio no controle de peso.
- Auxílio no controle do açúcar no sangue.
- Menor risco de doenças cardiovasculares.
- Melhora do sono.
- Melhora do senso de equilíbrio.
- Redução da fadiga, ansiedade e depressão.
- Menor risco de câncer.
- Melhora da qualidade de vida em geral.

Adotar o hábito de praticar exercícios físicos, em especial a musculação, além de cuidar da sua saúde, lhe trará mais disposição para as atividades do dia a dia. A musculação, bem praticada, ativa seu estoque de saúde, e se torna uma grande aliada na luta contra doenças. Pacientes com mais massa magra, ou seja, músculos, têm até três vezes mais sobrevida na luta contra o câncer do que pacientes com menos massa magra.[6]

Se você ainda não pratica musculação e deseja começar, aqui vai um passo a passo:

- Faça exames para avaliar a saúde do coração.
- Realize uma avaliação física com um profissional.
- Comece com o acompanhamento de um professor ou personal trainer.
- Faça de dois a três treinos semanais para pegar o ritmo.

> O sucesso e a prosperidade não aceitam desculpas.

Se aquela vozinha vier ao seu ouvido com as velhas desculpas para não começar, não se cuidar, seja mais forte do que suas desculpas. O sucesso e a prosperidade não aceitam desculpas.

---

[6] METRÓPOLES. Saiba como a massa magra influencia na luta contra o câncer de pulmão. Disponível em: https://www.metropoles.com/vida-e-estilo/nutricao/saiba-como-a-massa-magra-influencia-na-luta-contra-o-cancer-de-pulmao. Acesso em: 15 jan. 2025.

O corpo alcança o que a mente visualiza. Acredite em seu potencial. Prepare-se para prosperar fisicamente. Com esse corpo fortalecido, poderá investir em sua prosperidade emocional.

Oração de Força e Legado

Senhor, reconheço que meu corpo é templo do teu Espírito. Ajuda-me a cuidar da minha saúde com responsabilidade, disciplina e gratidão. Que eu vença os excessos, administre bem meu tempo, alimente-me com sabedoria e respeite os limites do corpo que me deste. Que minha força física esteja a serviço do teu Reino e seja parte do legado de equilíbrio e zelo que desejo deixar. Em nome de Jesus, amém.

Homem de Reflexão

1. Tenho cuidado bem do corpo que Deus me deu?
2. Em que aspectos da minha saúde física tenho sido negligente?
3. Como posso melhorar minha alimentação, meu sono e minha rotina de exercícios?
4. O que preciso mudar para que meu corpo seja uma ferramenta útil e saudável para servir?
5. Tenho buscado equilíbrio entre trabalho, descanso e autocuidado?
6. Como a falta de cuidado com minha saúde tem afetado minha família e meu desempenho?
7. Que pequenas atitudes posso adotar hoje para começar a honrar meu corpo?

Biografia de força e legado

Tiago

Força na coerência, legado de liderança fiel

Tiago, irmão de Jesus, não creu no Messias durante os dias do ministério terreno de Cristo. Como outros da sua família, inicialmente rejeitou a ideia de que seu irmão era o Filho de Deus. Mas tudo mudou após a ressurreição. Jesus apareceu pessoalmente a ele — e aquele encontro transformou completamente sua vida.

De cético a pilar da igreja, Tiago tornou-se o principal líder da comunidade cristã em Jerusalém. Sua liderança era firme, equilibrada e centrada na sabedoria. Foi moderador no concílio de Atos 15, conduzindo a igreja em uma das decisões mais importantes da história cristã: a inclusão dos gentios sem exigir que seguissem os ritos judaicos. Sua fala trouxe unidade, clareza e paz.

Homem de oração e integridade, Tiago ficou conhecido como "joelhos de camelo", por orar tanto que formou calos nos joelhos. Sua carta, prática e direta, revela uma masculinidade madura, que valoriza a ação, a justiça, o domínio da língua e o cuidado com os necessitados. Ele nos ensina que fé e obras não estão em oposição — mas devem caminhar juntas.

Seu legado é o de uma liderança firme, coerente e centrada na Palavra. Tiago mostra que a força de um homem está em viver o que prega, em liderar com sabedoria e em permanecer fiel mesmo diante da perseguição. Segundo a tradição, morreu como mártir — fiel ao seu Senhor até o fim.

· C A P Í T U L O   2 0 ·

VOCÊ FOI FEITO PARA PROSPERAR EMOCIONALMENTE

VOCÊ JÁ PENSOU NA diferença entre viver e apenas estar vivo? Muitos homens apenas vivem, ou *sobrevivem*, sem questionar nem direcionar suas atitudes para viverem de forma plena. Viver é muito mais do que estar vivo. Concordo com o pastor Erwin Raphael McManus, quando ele diz: "Não posso garantir quanto tempo eu vou viver, mas posso determinar que viverei plenamente enquanto estou vivo".[1]

Muitas vezes, não percebemos a diferença sutil entre o que realmente vale a pena e o que não tem valor no tempo precioso que temos aqui na terra. Isso acontece, em grande parte, porque vivemos em escassez emocional quando deveríamos ser plenos nessa área tão importante da vida. Ouvimos desde sempre que somos "fortes", "provedores", "vencedores", "invulneráveis" e, com isso, reprimimos s emoções que diziam o contrário. Nem sempre tivemos coragem de ir contra as pressões sociais e culturais às quais fomos submetidos.

A maior parte dos homens sonha com prosperidade financeira. Alguns, mais jovens, passam o dia na academia, preocupados com um corpo sarado e uma vida fisicamente saudável. Outros se dedicam a faculdades e cursos, buscando desenvolver seu intelecto. Além disso, vemos muitos homens fiéis, empenhados em crescer espiritualmente. Sem dúvida, todas essas áreas merecem atenção e prosperidade,

---

[1] MCMANUS, *A última flecha*, p. 95.

como a própria Palavra nos ensina, Ele veio para que tenhamos vida em abundância (cf. João 10:10). No entanto, uma área em que muitos homens ainda não têm dedicado o mesmo esforço é a área emocional.

Vários homens nunca pediram ajuda na vida. Vivem isolados, o que tem aumentado significativamente o estresse e os problemas nas mais diversas áreas da saúde mental. Mesmo vivendo na era da informação, para muitos homens, buscar apoio emocional ou psicológico é sinal de fraqueza. É como se traíssem sua masculinidade. Fecham-se como ostras, e ninguém sabe o que têm por dentro.

Por conta disso, pouquíssimos homens mantêm amizades profundas e significativas. Quando encontram os amigos, falam sobre futebol, churrasco, trabalho — mas raramente sobre como se sentem. Essa atitude tem gerado homens solitários, deprimidos e com dificuldade de construir redes de apoio emocional.

Saiba, porém, que ser emocionalmente impenetrável não é nenhuma demonstração de força. Saber quando ser vulnerável, pelo contrário, é a verdadeira prova de força e coragem.

LIDANDO COM OS TRAUMAS DO PASSADO

Alguns homens foram machucados no passado e não curaram suas feridas. Carregam traumas não resolvidos — talvez uma infância difícil, violência doméstica, abusos ou perdas que nunca cicatrizaram. Como não trataram essa dor, muitas vezes, preferindo ignorá-la, ela permanece ali, os impedindo de alcançar plenitude emocional.

Com o tempo, nossas dores emocionais não tratadas voltam a se manifestar. Toda ferida, física ou psicológica, precisa de cuidado e atenção para que seja curada. Só então é que elas se tornarão cicatrizes, em vez de ferimentos que ainda causam dor. Casos de ansiedade, depressão, comportamentos autodestrutivos e problemas com autoestima estão ligados a situações mal resolvidas do passado, que têm poder de influenciar o presente de muitos homens. E influenciarão seu futuro se não forem tratadas.

Eu tenho um episódio de meu passado que tratei. Hoje são apenas marcas, e, quando olho para eles, não sinto mais dor. Perdoei, fui perdoado e segui em frente — estou livre desse peso. Se você ainda tem feridas abertas, precisará tratá-las para que fechem. De outra forma, você não experimentará cura, alívio e liberdade para seguir em frente.

HOMEM TEM MEDO?

Insegurança em falar em público, ansiedade de mudar de emprego ou de abrir um negócio, dificuldade em manter um relacionamento amoroso. Sim, homens têm medo. O medo é uma emoção natural e essencial para a SOBREVIVÊNCIA. Ele nos alerta sobre perigos e nos prepara para reagir. Se andando na rua e vejo uma cobra, não vou bancar o super-homem: vou mudar de caminho, e esse medo vai me proteger.

Entretanto, alguns medos são fruto de traumas não resolvidos. São temores que carregamos a partir de experiências passadas e que impedem de prosperar. O medo que nos controla gera insegurança e nos faz reféns. O pastor Erwin McManus diz:

> O medo é como uma lepra que devora as nossas almas, e ele nos levará a construir fortalezas que têm uma aparência de segurança. O medo nos convence de que trancamos do lado de fora os perigos que poderiam nos sobrevir, e, enquanto isso, nos cega para o fato de que ele não trancou o mundo do lado de fora em absoluto. Em vez disso, o medo nos aprisionou dentro dele mesmo. Ele nunca foi uma fortaleza, ele sempre foi uma prisão.[2]

Muitos homens estão aprisionados por seus medos e impedidos de viver aquilo para que Deus os criou. Para deixarmos um legado, teremos de crescer em todas as áreas da vida, e a área emocional é importantíssima. Caso você esteja preso em algum medo, quero recomendar cinco passos para auxiliá-lo no processo de insegurança:

Passo 1 – Reconheça o medo
Identifique o que está gerando essa emoção. Do que você tem medo? O medo pode ser um sinal de que algo importante está em jogo.

Passo 2 – Analise a realidade
Pergunte-se: se isso que eu temo vier a acontecer, qual é o pior que pode decorrer disso?

---

[2] MCMANUS, *A última flecha*, p. 102.

Passo 3 – Planeje com sabedoria

Depois de identificar o medo, use-o como motivação para criar um plano e superá-lo com estratégia e confiança.

Passo 4 – Aja

Mesmo com medo, aja. Confie na provisão e proteção que Deus tem para você: "O Senhor é a minha luz e a minha salvação; a quem temerei? O Senhor é o meu forte refúgio; de quem terei medo?" (Salmos 27:1).

Passo 5 – Tenha uma rede de apoio

Ter um mentor, conselheiro, amigo de confiança ou mesmo um terapeuta é fundamental para ajudá-lo na luta contra o medo.

MENINO NÃO CHORA, MAS HOMEM CHORA SIM

Eu nasci no Nordeste, em uma família na qual era super comum os meninos ouvirem frases como "menino não chora", "engole esse choro agora" ou, mais agressivo, "virou mulherzinha pra chorar, foi?". Aos poucos, sem nem perceber, as figuras de autoridade colocaram travas na minha vida, que cresci sem conseguir expor meus sentimentos e minhas fraquezas. Acreditei que não podia chorar porque fui condicionado a reprimir o que sinto.

A questão é que eu choro, você chora, todos nós choramos. Isso é humano, e não algo permitido às mulheres e vetado aos homens. O próprio Jesus chorou (João 11:35). Ele, o Deus todo-poderoso, assumiu a dor e chorou. Ele, nosso exemplo maior de masculinidade, chorou. Por que você e eu não poderíamos fazer o mesmo?

Devemos aceitar que passamos por dificuldades na vida e precisamos nos abrir com a esposa, com o pai, com um irmão, com um amigo, com um conselheiro e chorar nossas dores. Mas como ouvimos a vida toda que isso era feio, nos fechamos e sofremos sozinhos.

As dores que não choramos, um dia, cobrarão um preço alto — e isso já tem acontecido na vida de muitos homens. O fato de não se permitir viver os próprios sentimentos tem adoecido nossa geração, aumentando o número de casos de homens que desistem da própria vida. Segundo a Organização Mundial da Saúde, cerca de 78% dos casos de suicídio ocorrem entre homens. O Brasil, hoje, é o oitavo país do mundo com mais registros dessa tragédia.[3]

É possível ser um homem forte mesmo tendo fraquezas. Ter fraquezas não nos torna fracassados. Paulo, um exemplo de força, assumiu: "Eu me gloriarei ainda mais alegremente nas minhas fraquezas, para que o poder de Cristo repouse em mim" (2Coríntios 12:9). Ser vencedor é saber lidar com as fraquezas. É preciso ser forte para

> É possível ser um homem forte mesmo tendo fraquezas.

reconhecer, enfrentar e superar suas limitações. Você foi chamado para prosperar emocionalmente e, para isso, terá de expor seus sentimentos e aprender a viver com eles.

Deus nos fez para sorrir e para chorar. Muitas vezes, o choro é libertador e necessário para encerrar um ciclo e iniciar outro. Esqueça esse paradigma machista de não expressar emoções ou compartilhar suas vulnerabilidades. Precisamos nos libertar das amarras do passado e não permitir que essas crenças nos impeçam de seguir em direção ao futuro.

SER RUDE NÃO É SER HOMEM

O estereótipo de "homem forte", que acompanhou a infância de muitos, traz, na vida adulta, um conceito de masculinidade que, muitas vezes, nos afasta do exemplo amoroso e pacífico de Jesus. A ideia de que o homem tem que ser forte leva-nos a crer que precisamos ser rudes, brutos e ignorantes.

Isso é puro engano. Masculinidade não tem nada a ver com brutalidade. Os rompantes de ira que nos permitimos apenas revelam nossa fraqueza, não nossa força. Conheço histórias de homens que marcaram seus filhos com rompantes de ira — palavras malditas ou agressões físicas que vieram à tona por causa de mágoas do passado. O que não resolvemos lá atrás irá, sem dúvida, nos prejudicar adiante. Identifique e trate suas dores.

---

[3] ASSEMBLEIA LEGISLATIVA DO ESPÍRITO SANTO. Homens estão entre as principais vítimas de suicídio. Disponível em: https://www.al.es.gov.br/Noticia/2022/09/43634/homens-estao-entre-as-principais-vitimas-de-suicidio.html. Acesso em: 21 jan. 2025.

Quando somos grosseiros, afastamos quem mais amamos. A Bíblia conta a história de Nabal, marido de Abigail. Ele era um homem muito rico, mas conhecido por todos por sua grosseria e maldade. Morreu de uma espécie de ataque cardíaco, sem deixar saudades. Após sua morte, sua viúva, Abigail, tornou-se esposa de Davi.

Atentemos para o que a Bíblia ensina:

> Evite a ira e rejeite a fúria; não se aborreça: isso só leva ao mal (Salmos 37:8).

> Livrem-se de toda amargura, indignação, ira, gritaria e calúnia, bem como de toda maldade (Efésios 4:31).

O CHAMADO PARA A AUTORRESPONSABILIDADE

Precisamos definir o que realmente é importante em nossa vida e agir de acordo com isso, assumindo a responsabilidade para que as prioridades sejam mantidas e respeitadas. Quando negligenciamos nosso papel de líderes de nossa própria vida, seja ela boa, seja não tão boa, culpamos os outros — os pais, o governo, a família, o chefe — pelos nossos fracassos, e não tomamos as rédeas de nosso futuro.

Se agirmos assim, qual legado iremos deixar?

Quando damos a outras pessoas a responsabilidade sobre a nossa vida, deixamos que outros definam o que é importante para nós. Isso nos deixará frustrados e doentes emocionalmente. Pode parecer cômodo deixar alguém responder em nosso lugar, mas quanto isso nos custará? Lembre-se do princípio: Deus transmitiu a Adão a regra de não comer da árvore do conhecimento do bem e do mal, mas Adão permitiu que Eva negociasse com a serpente, e manteve-se calado em relação a um assunto que custou, literalmente, sua vida.

Se queremos prosperar em alguma área da vida, precisamos nos posicionar. Isso requer mais energia mental do que qualquer outra coisa; por isso, precisamos ser emocionalmente saudáveis para tomarmos decisões acertadas, que dirão respeito não apenas a nós, mas a todas as pessoas que Deus colocou sob nossa responsabilidade.

Vejo que um empecilho para o foco e a autorresponsabilidade está na overdose de informação que nos assedia a cada dia. São muitas as opiniões e as opções, e temos experimentado certa dificuldade em focar no que realmente importa. Tanta informação, muitas vezes, acaba nos sobrecarregando e, em vez de gastarmos energia mental tomando decisões importantes, procrastinamos. Apagamos os incêndios das coisas urgentes que surgem no dia a dia, adiando os grandes passos que construirão nosso legado. Quantas coisas pedem a sua atenção, mas, em vez de resolvê-las, você arruma uma boa desculpa para não tratá-las naquele momento? "Na segunda-feira eu vejo isso", e a segunda-feira nunca chega.

Sabemos que a cadeira da decisão não é um lugar fácil de ocupar, mas ela é necessária. E se você não se sentar nela, alguém se sentará. E muito provavelmente, quem se sentar não tomará as decisões mais acertadas. Em muitas casas, o marido tem se omitido dessa função, sobrecarregando a esposa com responsabilidades que não pertencem a ela. Essa disfunção tem sido uma das queixas que mais recebo nas terapias de casal que Márcia e eu conduzimos. Muitas brigas surgem porque marido e mulher estão em posições diferentes das que foram chamados para exercer dentro do plano de Deus.

> Sabemos que a cadeira da decisão não é um lugar fácil de ocupar, mas ela é necessária.

Quando não assumimos nosso papel, terceirizamos escolhas que impactam profundamente a nossa vida. Quantas reclamações já não ouvi de homens que estão sem ânimo porque têm vivido a vida que outros desenharam, nunca a que gostariam de ter tido. O cara tem 40 anos e está exausto porque já viveu a vida que os pais queriam, depois, a que a esposa desejou, depois, a que atendia aos filhos, mas nunca direcionou nada. Não se sente realizado porque sempre foi fraco para pegar o leme e direcionar o barco da sua vida.

Não podemos viver de modo que, no fim, teremos mais arrependimentos do que alegrias. "Uma vida que vale a pena pode ser medida de muitos modos, mas o único que se destaca acima de todos os outros é viver sem arrependimentos [...]A vida é curta demais para acumularmos uma pilha de *seria, poderia, deveria*".[4]

---

[4] KELLER, Gary; PAPASAN, Jay. *A única coisa*, p. 223.

Vença a procrastinação

Para ajudá-lo a vencer a procrastinação, deixo aqui um guia simples e prático que você pode colocar em prática já — e não segunda-feira!

Dica 1 Divida as tarefas em pequenas partes. Por exemplo: você quer formar o hábito de ler um livro por mês, comece lendo uma página por dia. Pequenos avanços nos dão confiança para alcançar metas maiores.

Dica 2 Estabeleça metas claras e realistas. Metas atingíveis diminuem a sensação de sobrecarga e impossibilidade. Se você, por exemplo, deseja praticar exercícios físicos, em vez de pensar em "preciso ir na academia", que é algo abstrato, defina que irá caminhar três vezes por semana (dia tal, tal e tal) durante trinta minutos (das x às x horas).

Dica 3 Divida o trabalho em intervalos de tempo. Uma técnica muito usada para isso chama-se "Técnica Pomodoro". Nela, você divide seu trabalho em intervalos de 25 minutos (chamados "pomodoros") e entre um pomodoro e outro, faz uma pausa de 5 minutos. Eu uso muito essa técnica quando estou escrevendo. A pausa de cinco minutos dá um descanso para minha mente, e volto com mais criatividade e leveza para o trabalho.

Dica 4 Identifique e enfrente os medos. Já falamos disso anteriormente. Reconhecer o medo é importante porque ajuda a diminuir o impacto que ele causa. Deixamos de fazer muitas coisas por medo: medo de falhar, medo do que os outros vão pensar, medo de se decepcionar etc. Pergunte-se: "Por que estou adiando essa decisão? Sinto medo de que?".

Dica 5 Evite distrações. Não faltam distrações ao nosso redor para adiar uma tarefa importante. O celular é o rei das distrações. Quando for se dedicar a uma tarefa importante — pode ser um trabalho, uma conversa com a família, um momento de oração etc. — coloque o celular no modo avião. Minimize as interferências.

Dica 6 Recompense o progresso. Completou uma tarefa? Comemore e dê, a si mesmo, uma recompensa. Pode ser um tempo de descanso, uma bebida preferida, um passeio. Escolha algo que contemple sua conquista, e tenha em mente que está usufruindo daquilo por causa de seu esforço. O reforço positivo condiciona nosso cérebro a querer repetir o êxito.

Dica 7   Adote este lema: "Faça agora". Realize imediatamente pequenas tarefas que levam menos de dois minutos para serem completadas. Eliminar as tarefas rápidas aliviam sua agenda e sua mente, e dão um senso de realização.

Dica 8   Não ande sozinho. Compartilhe suas metas com sua esposa, seus filhos ou com amigos, e peça a ajuda deles para incentivá-lo ou cobrá-lo quando for necessário. É mais difícil procrastinar quando tem outras pessoas de olho no seu progresso.

Dica 9   Lembre que o ótimo é inimigo do bom. Em vez de esperar pelas condições ideais para realizar alguma coisa, comece com o que você tem à disposição. A busca pela perfeição em coisas não fundamentais nos impede de alcançar grandes resultados.

Dica 10   Visualize o resultado. Antes de iniciar uma tarefa, imagine como você se sentirá ao concluí-la. Quem tem um *porquê* não se preocupa com o *como*. Vá e faça!

FUJA DA PREGUIÇA

O livro da sabedoria, que ensina como prosperar, já dizia que o preguiçoso acabará passando fome (Provérbios 19:15). Em Eclesiastes, Salomão fala que "Por causa da preguiça o telhado se enverga, e por causa das mãos indolentes a casa tem goteiras." (10:18). Se quisermos alcançar coisas nesta vida, temos que nos levantar da cadeira e fazer nossa parte. Não podemos deixar que a preguiça nos impeça de realizar nossos sonhos, honrar nossa palavra, levar segurança e prosperidade para casa e inspirar nossos filhos.

Os japoneses são um dos povos mais disciplinados e produtivos. Há seis técnicas japonesas que podem nos ajudar a vencer a preguiça e alcançar o que idealizamos viver.

1. Kaizen

Essa é uma filosofia de vida que busca melhorias constantes e graduais, em vez de transformações abruptas. Segundo a filosofia *kaizen*, em vez de mudar tudo de uma vez, devemos focar em apenas 1% a cada dia. Se melhorarmos esse 1% diário, em um mês teremos evoluído 30% em alguma área. Em qual área de sua vida você tem tido dificuldades, e até preguiça, em avançar? Acredito que essa meta de 1% ao dia é possível para alcançar, ao fim de alguns meses, transformações significativas.

2. Shoshin

Shoshin é um termo japonês que significa "mente de principiante". Na prática, *shoshin* é a atitude de manter a mente aberta, curiosa, humilde e receptiva, mesmo quando já temos conhecimento ou experiência em determinado assunto. Se você experimenta dificuldade em evoluir em alguma área, adote um coração ensinável e peça ajuda, ainda que seja algo que você já fez milhares de vezes. Sempre podermos aprender coisas novas.

3. Hara Hachi Bu

Essa expressão, traduzida literalmente, significa "Coma até estar 80% satisfeito". É uma filosofia de vida que ensina a evitar excessos de forma consciente, mantendo o autocontrole. Se aplicarmos esse princípio no nosso dia a dia, não ficaremos estressados nem cansados. Também não gastaremos mais tempo do que o necessário no descanso e no lazer, o que poderia dos deixar desestimulados para realizar as tarefas que nos aguardam.

4. Nemawashi

Traduzido literalmente por "preparar o terreno" ou "fazer as raízes circularem", esse termo vem da horticultura. Ao transplantar uma árvore, os japoneses preparavam o solo ao redor das raízes com muito cuidado e antecedência, para garantir que ela se adaptasse bem ao novo lugar. Tudo que é grandioso começa com pequenos passos. Às vezes, nos desanimamos e sentimos preguiça de começar uma tarefa porque olhamos para ela como um todo. Mas se dividirmos o trabalho em micro tarefas, o projeto será mais fácil de encarar.

5. A técnica do 5

Essa técnica sugere separar apenas 5 minutos do dia para fazer exatamente aquilo que você mais tem evitado. Pouco a pouco, a cada dia, a tarefa grande e chata será vencida. Aquilo que parecia tão inatingível, naturalmente se tornará mais fácil. Quando você perceber já estará terminado.

6. Ikigai

Esse termo significa "razão de viver". É o que move a nossa vida. Dizem que quem tem um propósito não para no meio do caminho. Não se trata necessariamente de uma grande missão; pode ser algo simples, pessoal e silencioso, como cuidar da família, cultivar uma horta, escrever, ensinar ou servir à comunidade. *Ikigai* é o que faz você se levantar todos os dias, o que ajuda a estabelecer suas prioridades e lhe dá forças para fugir da preguiça e fazer o que precisa ser feito. Descobrir seu *ikigai* o ajudará a se tornar mais produtivo. Quando você encontra seu *ikigai*, até as tarefas mais corriqueiras ganham significado, pois estão conectadas a algo maior e mais profundo. Ele atua como uma bússola interna, guiando suas escolhas e dando sentido até mesmo aos desafios.

A REGRA DO 8+8+8

Vivemos em um mundo acelerado, em que é comum ouvir as pessoas dizendo que estão sem tempo. No entanto, se organizarmos melhor a forma com que lidamos com o dia a dia, evitaremos doenças emocionais e nos sentiremos melhor conosco mesmos — mais fortes, e não constantemente fracos e cansados.

Minha sugestão para realizar essa organização é aplicar a regra do 8+8+8, que consiste em dividir o dia em três blocos de oito horas:

- 8 horas para o trabalho.
- 8 horas para o sono.
- 8 horas para atividades livres.

A estratégia de equilibrar essas três áreas tem como objetivo manter nossa vitalidade e bem-estar diante do estresse constante e das múltiplas obrigações que enfrentamos diariamente.

Vamos aprender a dividir melhor nosso tempo?

8 horas de trabalho

Quando estiver trabalhando, trabalhe com afinco. Mantenha o foco e se dedique intensamente nesse período, para não ter de levar trabalho para casa e assim poder se sentir verdadeiramente realizado com aquilo que faz.

8 horas de sono

O descanso é fundamental. Se for mal aproveitado, refletirá negativamente no dia seguinte. Embora o sono seja essencial, ele costuma ser a primeira vítima de uma rotina desregulada. Não negocie seu tempo de sono.

8 horas de atividades livres

Aqui entram as atividades voltadas para relaxar o corpo, a mente e renovar suas energias. Essas oito horas podem ser distribuídas da forma que preferir, mantendo o equilíbrio. Eu as organizo da seguinte maneira:

- 2 horas para exercícios físicos e hobbies.
- 2 horas com a família e momentos com Deus.
- 1 hora para lazer.
- 1 hora para aprendizado.
- 2 horas para translado e alimentação.

Ao fim deste capítulo, convido você a avaliar quais aspectos de sua vida emocional precisam de cuidado, e o que você vai fazer a respeito. Não deixe esse assunto de lado. Não varra para debaixo do tapete, pois isso, lá na frente, irá demandar muito mais de você.

Precisamos ser vulneráveis. Entender, de fato, o que significa "ser homem". Ter humildade para reconhecer que há questões que não resolveremos sozinhos e teremos de pedir ajuda: da esposa, de um terapeuta, de um mentor, de um amigo mais experiente ou de um líder espiritual.

Só não podemos permanecer isolados. Ter uma rede de apoio, e não meros amigos para jogar bola, é uma necessidade inegociável. A

VOCÊ FOI FEITO PARA PROSPERAR EMOCIONALMENTE

mudança começa quando o homem compreende que prosperar emocionalmente não é sinal de fraqueza, mas de coragem e de força verdadeira. E esse é um dos maiores legados que ele pode deixar.

A jornada de crescimento segue do coração para a mente. Deus nos chamou para desenvolver o intelecto, expandir nossa capacidade de pensar, aprender e liderar com sabedoria. No próximo capítulo, vamos olhar para a importância de investir no crescimento intelectual, buscando ser homens preparados para os desafios e oportunidades que Ele coloca diante de nós.

ORAÇÃO DE FORÇA E LEGADO

Pai, ajuda-me a lidar com minhas emoções com maturidade. Cura minhas feridas, acalma meus medos, fortalece meu interior. Que eu não seja dominado pela raiva, tristeza ou ansiedade, mas que desenvolva domínio próprio, empatia e estabilidade. Ensina-me a abrir o coração diante de ti e das pessoas certas, sem medo de parecer fraco. Que minha saúde emocional contribua para um legado de paz e segurança para os que me cercam. Em nome de Jesus, amém.

HOMEM DE REFLEXÃO

1. Como tenho lidado com minhas emoções mais profundas?
2. Tenho ignorado ou mascarado dores e conflitos internos?
3. Em que momentos permiti que a raiva, o medo ou a tristeza governassem minhas ações?
4. Estou disposto a buscar ajuda emocional, se necessário, sem vergonha ou orgulho?
5. Que práticas saudáveis posso adotar para cuidar melhor da minha saúde emocional?
6. Como meu equilíbrio emocional pode fortalecer minha liderança e meus relacionamentos?
7. O que significa prosperar emocionalmente à luz da Palavra de Deus?

Biografia de força e legado

Filipe

Força no serviço, legado na expansão do evangelho

Filipe começou sua trajetória como um dos sete escolhidos para servir às mesas, demonstrando que a masculinidade bíblica começa no serviço. Mas ele não parou aí — tornou-se um evangelista ousado e sensível à direção do Espírito Santo. Sua vida mostra que Deus confia grandes missões a homens fiéis nas pequenas tarefas.

Após a dispersão da igreja de Jerusalém, Filipe foi um dos primeiros a levar o evangelho além dos limites do judaísmo. Em Samaria, pregou com poder, curando enfermos e libertando cativos. Mas sua sensibilidade à voz de Deus foi ainda mais evidente quando o Espírito o direcionou a uma estrada deserta — para encontrar um único homem: o eunuco etíope.

Naquele encontro, Filipe não apenas explicou as Escrituras, mas batizou o homem e deu início a um legado missionário que, segundo a tradição, alcançaria o coração da África. Ele estava disposto a deixar as multidões para alcançar um só — mostrando que o valor do chamado não está no número, mas na obediência.

Mais tarde, Filipe se estabeleceu em Cesareia, onde criou suas filhas no temor do Senhor — e elas se tornaram profetisas. Seu legado se estendeu à família e à missão. Ele nos ensina que a força de um homem está em dizer "sim" a Deus, onde quer que Ele o envie — e que o verdadeiro legado é deixar rastros de fé por onde se passa.

◆ C A P Í T U L O 2 1 ◆

VOCÊ FOI FEITO PARA PROSPERAR INTELECTUALMENTE

A MENTE HUMANA FOI projetada por Deus para crescer continuamente. O aprendizado não deve se limitar à infância ou juventude, mas deve ser um compromisso vitalício. Existem várias áreas da vida em que podemos crescer: estudar para uma nova profissão — para crescer na carreira, aprender uma nova habilidade — para fortalecer seu ministério na igreja e abençoar o reino de Deus, dedicar tempo para ler, estudar e crescer — para aprender algo novo.

Tornar-se mais sábio é um projeto que agrada a Deus. Lemos que o próprio Deus nos concederá sabedoria se lhe pedirmos isso (Tiago 1:5). Uma porção das próprias Escrituras é conhecida como "livros de sabedoria" ou "literatura sapiencial": Jó, Salmos, Provérbios, Eclesiastes e Cântico dos cânticos. Na história do povo de Deus, o rei Salomão encontrou muito favor da parte de Deus quando pediu sabedoria para governar, em vez de pedir poder, riquezas, mulheres ou a destruição de seus inimigos (1Reis 3:5). Sua escolha agradou tanto a Deus, que o Senhor lhe disse: "Já que você pediu isso, não uma vida longa, nem riqueza, nem pediu a morte dos seus inimigos, mas discernimento para administrar a justiça, farei o que você pediu. Eu darei a você um coração sábio e capaz de discernir, de modo que nunca houve nem haverá ninguém como você." (1Reis 3:11-12).

Com toda a sabedoria que Deus deu a Salomão, ele pôde viver uma vida muito mais plena e alcançar outros objetivos que, sem sabedoria, nunca teria alcançado. Salomão ensina que a sabedoria é mais valiosa do que riquezas ou poder. Um homem que busca sabedoria coloca sua vida em um caminho de propósito e realização: "Bem-aventurado o homem que acha sabedoria, o homem que obtém entendimento" (Provérbios 3:13).

Imagino que muitos homens gostariam de ser ricos e poderosos como Salomão; mas quantos de nós trocariam uma oportunidade de receber poder e riqueza pela chance de nos tornarmos mais sábios? Deus deu riqueza e poder a Salomão porque apenas um homem sábio consegue administrar essas coisas sem se deixar corromper por elas.

VOCÊ FOI FEITO PARA CRESCER

Não basta pedir a Deus que lhe conceda sabedoria. Para viver a sabedoria de forma plena, precisamos nos dedicar: ler livros, assistir a vídeos, fazer cursos, participar de mentorias, ouvir pessoas mais experientes. Veja qual é sua forma de aprendizado e os assuntos que lhe interessam. Não se acomode com o que você já sabe. Se desejamos ter mais saúde e mais patrimônio, precisamos também de mais conhecimento para saber administrar essas coisas.

Acima e antes de todo conhecimento que você pode buscar, o crescimento na Palavra de Deus deve ser mais buscado e desejado. Você bem sabe que a Bíblia é uma linda carta de amor de um Pai amoroso, que deixou orientações para seus filhos. Mesmo sabendo disso, porém, nem todos os cristãos — mesmo os que já têm muitos anos de igreja — se dedicaram a ler essa carta completamente. Alguns estão há anos, talvez décadas, na igreja e nunca leram a Bíblia toda. Ou nem um livro. Dizem que não têm tempo para isso — mas claramente têm tempo para checar as redes sociais e conversar no WhatsApp. A questão não é falta de tempo; é entender o que é mais importante.

Aprofundar-se no estudo das Escrituras é um dos caminhos mais poderosos para enriquecer a mente e crescer em sabedoria. A Bíblia não é apenas um livro espiritual, mas também um tesouro de conhecimento cheio de histórias, princípios, ensinamentos morais, filosofia e lições práticas para todas as áreas da vida. Quando nos dedicamos a estudá-la com seriedade, nossa mente é desafiada, nosso raciocínio é fortalecido e nossa visão de mundo se expande. Muitos homens

VOCÊ FOI FEITO PARA PROSPERAR INTELECTUALMENTE

querem ser intelectualmente fortes, mas negligenciam o texto mais influente da história. A Palavra de Deus afia nosso entendimento e nos prepara para discernir melhor as situações, fazer escolhas mais sábias e dialogar com clareza e profundidade, tanto no ambiente profissional quanto espiritual.

SEJA DILIGENTE COM SEU APRENDIZADO

Assuma um compromisso com seu aprendizado. Você não é mais criança para precisar que sua mãe ou a professora da escola o mande estudar para não tirar nota baixa nem ficar de castigo. Hoje, estudamos porque entendemos nosso chamado para prosperar. Se quisermos deixar um legado de valor, teremos de nos abastecer de conteúdo — afinal, só podemos dar aquilo que temos. Se não crescermos em conhecimento, não transbordaremos em ensino, conselhos e sabedoria sobre a vida de quem nos rodeia.

Sempre digo que ninguém pode se levantar para ensinar se não se senta primeiro para aprender. Colocar-se no lugar de aprendizado não é sinal de fraqueza, mas de humildade e sabedoria. É reconhecer que sempre há algo novo a ser descoberto, que podemos crescer, amadurecer e nos tornar homens melhores — para nós mesmos, para nossas famílias, para nossa comunidade e para o reino de Deus.

A famosa frase do filósofo Sócrates — "Só sei que nada sei" — carrega uma verdade profunda. Quando entendemos que sempre há algo novo a aprender, deixamos de lado o orgulho e abrimos espaço para sermos ensinados. E essa também é uma postura bíblica. Em Provérbios 1:5 está escrito: "Ouça o sábio e aumente o seu saber, e quem tem discernimento obterá orientação". Sempre podemos aprender mais! Aliás, é por isto que alguém se torna sábio: não pelo que sabe, mas pela disposição em aprender. Não existe ponto final no crescimento para aquele que tem o coração ensinável.

> Não existe ponto final no crescimento para aquele que tem o coração ensinável.

Muitos homens ficam travados e não prosperam porque acham que já sabem o suficiente, que a experiência que têm basta, que já passaram por muita coisa e não precisam ouvir ninguém. Mas o orgulho é inimigo do crescimento. A

Palavra também nos alerta sobre isso: "A soberba do coração precede a ruína, mas a humildade antecede a honra." (Provérbios 18:12).

Colocar-se no lugar de aprendiz é sentar-se para ouvir, é dar valor a um bom conselho, é estudar com disciplina, é pedir ajuda quando não souber, é ser intencional em buscar crescimento. Quando fazemos isso, estamos nos posicionando não como quem quer apenas sucesso, mas como quem quer ser transformado de verdade. Jesus, mesmo sendo Deus, crescia "em sabedoria, estatura e graça diante de Deus e dos homens" (Lucas 2:52). Se até o Filho de Deus se permitiu passar por processos de crescimento e aprendizado, quem somos nós para não fazermos o mesmo?

Meu convite a você hoje é: tenha prazer em aprender. Busque livros, pessoas experientes, cursos, pregações. Quem se permite aprender, se permite prosperar.

QUEM ENSINA APRENDE DUAS VEZES

O conhecimento não deve ser acumulado, mas compartilhado para ajudar e edificar outras pessoas. Quando se trata de sabedoria, quanto mais você compartilha, mais conhecimento adquire. Tenho vivido isso de forma muito clara em meu ministério. Quanto mais mentoreio, mais aprendo sobre os assuntos aos quais me dedico. Cada vez que me preparo para ensinar, acredito que meu aprendizado se multiplica potencialmente. Ensinar faz com que as verdades aprendidas se firmem ainda mais em meu coração e em minha mente.

Por isso, recomendo fortemente que você reparta seu conhecimento naquilo em que deseja crescer e se especializar. Converse com outras pessoas sobre o assunto, compartilhe fatos, curiosidades, referências. Quando menos esperar, ensinar se tornará uma prática natural.

A própria Bíblia nos incentiva a ensinar uns aos outros:

> Que a palavra de Cristo habite plenamente em vocês. Ensinem e aconselhem uns aos outros com toda a sabedoria; cantem salmos, hinos e cânticos espirituais a Deus com gratidão no coração (Colossenses 3:16).

> As palavras que me ouviu dizer na presença de muitas testemunhas, confie-as a homens fiéis que sejam também capazes ensiná-las a outros (2Timóteo 2:2).

Se você faz parte de uma igreja, certamente já percebeu que esta é a busca de muitos líderes: dedicar tempo e conhecimento para capacitar pessoas por meio dos diversos programas de ensino e discipulado nas igrejas pelo país. Quem sabe você não pode se tornar um mestre em um assunto de que gosta? Com essa oportunidade, além de crescer pessoalmente, você ainda pode edificar e contribuir com o corpo de Cristo.

Para finalizar, deixo algumas dicas para você seguir no caminho da prosperidade intelectual:

- Leia regularmente.
- Procure grupos que conversem sobre temas que desafiem sua mente e ampliem sua visão.
- Escolha algo novo para aprender toda semana.
- Busque mentores em áreas específicas da vida.
- Peça sabedoria a Deus.

Se você acha que é caro colocar isso em prática — seja pelo tempo que terá de dedicar, seja pelo investimento financeiro — eu lhe digo: caro mesmo é viver sem conhecimento e desperdiçar todo o potencial que Deus lhe deu. Homens que se dedicam a aprender e a ensinar expandem suas fronteiras e impactam gerações. No entanto, a verdadeira prosperidade vai além da mente. Sem um espírito fortalecido e conectado ao Criador, todo conhecimento se torna vazio. No próximo capítulo, vamos caminhar para a área mais profunda da vida humana, nosso espírito.

Oração de força e legado

Senhor, desperta em mim o desejo constante de aprender e crescer em conhecimento. Dá-me disciplina para estudar, sabedoria para discernir e humildade para reconhecer que sempre posso evoluir. Que minha mente seja cativa à tua verdade e que eu use o saber para servir melhor, liderar com justiça e edificar vidas. Que minha inteligência não seja vaidade, mas ferramenta para cumprir teu propósito. Em nome de Jesus, amém.

Homem de reflexão

1. Tenho investido tempo no desenvolvimento da minha mente e da minha capacidade de aprender?
2. Que hábitos de estudo ou leitura posso cultivar para crescer intelectualmente?
3. Estou me contentando com o básico ou buscando me aperfeiçoar continuamente?
4. Tenho usado meu conhecimento para servir ou apenas para me exibir?
5. Como posso aplicar o que aprendo para abençoar minha família, igreja e comunidade?
6. Que áreas do saber Deus está me chamando a explorar com mais profundidade?
7. Estou disposto a abrir mão de distrações para dedicar mais tempo à formação intelectual?

BIOGRAFIA DE FORÇA E LEGADO

Timóteo

Força na juventude piedosa, legado na fidelidade geracional

Timóteo foi chamado jovem, mas nunca imaturo. Filho de mãe judia e pai grego, aprendeu desde cedo as Escrituras com sua avó Lóide e sua mãe Eunice — mulheres piedosas que semearam fé firme em seu coração. Quando Paulo o encontrou, viu nele não apenas um discípulo, mas um herdeiro espiritual.

Mesmo sendo jovem, doente e, por vezes, tímido, Timóteo foi confiado com grandes responsabilidades. Pastoreou igrejas, enfrentou heresias, liderou comunidades em crise e permaneceu fiel à doutrina recebida. Sua força não estava no porte físico nem na autoridade humana, mas na firmeza com que se manteve leal a Cristo e à missão que Paulo lhe confiou.

Foi a Timóteo que Paulo escreveu cartas de encorajamento pastoral, chamando-o de "meu verdadeiro filho na fé". Mesmo no fim da vida, o apóstolo não pediu riquezas, glória ou poder — pediu que Timóteo permanecesse firme, guardasse o depósito da fé e passasse adiante o que havia aprendido.

Seu legado é o da continuidade. Timóteo representa todos os homens que não buscam os holofotes, mas que sustentam o ministério com fidelidade, semana após semana, geração após geração. Ele nos ensina que a masculinidade bíblica é também ensinar, suportar, permanecer. E que os mais fortes nem sempre são os mais barulhentos — mas os mais constantes.

• CAPÍTULO 22 •

VOCÊ FOI FEITO PARA PROSPERAR ESPIRITUALMENTE

A MAIOR PARTE DOS BRASILEIROS que alcançou crescimento profissional e prosperidade financeira passou por uma etapa indispensável ao processo: a busca pelo conhecimento. Foi necessário aprender, seja aprendendo com alguém, seja estudando por conta própria, seja dedicando-se aos estudos formais, em cursos ou graduações.

Todos nós, de uma forma ou de outra, investimos tempo para nos preparar para exercer nossas profissões ou outras funções que ocupam nossa agenda. Nem sempre, porém, temos noção do tempo que dedicamos aos estudos ao longo de nossa vida, desde os primeiros dias na escola até a conclusão de uma graduação ou pós-graduação. Veja abaixo uma estimativa das horas que um brasileiro médio dedica ao estudo:

- Ensino fundamental (9 anos): de 10.000 a 15.000 horas.
- Ensino médio (3 anos): de 3.000 a 6.000 horas.
- Ensino superior (4 anos): de 8.000 a 12.000 horas.
- Pós-graduação (2 anos): de 4.000 a 6.000 horas.
- Doutorado (3 a 5 anos): de 10.000 a 20.000 horas.

Considerando essas estimativas, você pode ter dedicado de 10 mil a 50 mil horas de vida, ou muito mais, visando ao aprendizado, à formação profissional, ou à especialização de alguma área que nos

VOCÊ FOI FEITO PARA PROSPERAR ESPIRITUALMENTE

interessa. É claro que a gente tem de decorar conteúdos que, embora importantes, muitas vezes sequer utilizamos no nosso dia a dia, como a fórmula de Bhaskara — $x = (-b \pm \sqrt{(b^2 - 4ac)}) / 2a$ — ou de elementos químicos, como $C_{12}H_{22}O_{11}$ (sacarose), a composição química do açúcar.

Não vou arruinar sua leitura relembrando coisas que, talvez, nem façam mais parte do seu dia. A questão é que investimos muito tempo para crescer intelectualmente, mas nem sempre nos dedicamos com o mesmo afinco para nos desenvolver espiritualmente.

A Bíblia nos instrui quanto a isso: "Cresçam, porém, na graça e no conhecimento de nosso Senhor e Salvador Jesus Cristo" (2Pedro 3:18). Esse é um conhecimento que nos acompanha em qualquer área de nossa existência, em especial quando todos os outros conhecimentos falham. Precisamos buscar continuamente a graça de Deus e conhecê-lo. Não podemos ser analfabetos espirituais, dependendo de outros para nos indicar o caminho que devemos seguir em nossa caminhada com Deus. Temos de ser responsáveis e desenvolver, por nós mesmos, uma relação íntima e próxima com o nosso Pai Celeste.

AMAR ACIMA DE TODAS AS COISAS

Esse conhecimento, como os demais conteúdos de nossa formação escolar ou profissional, não é apenas teórico. Não aprendemos de Deus apenas lendo a Bíblia ou livros teológicos. Crescer no conhecimento de Cristo requer relacionamento com Ele.

Gosto muito da forma como minha esposa, Márcia Marinho, fala sobre o maior amor do mundo. Ela diz que, ao ser questionado sobre qual seria o maior mandamento, Jesus respondeu de maneira direta e objetiva: amar a Deus sobre todas as coisas, com tudo o que temos e somos. Essa é a principal ordenança. Para vivermos de modo que agrade ao Senhor, a primeira coisa que devemos fazer é, em resposta ao seu grande amor, amá-lo acima de tudo.[1]

É precioso saber que somos chamados a amar aquele que nos amou primeiro — que entregou o próprio Filho para nos salvar. Deus é a própria definição do que é amor: um amor que cuida, direciona, apoia e permanece de braços abertos para nós.

---

[1] MARINHO, *A mulher que eu quero ser*, p. 21.

O amor de Deus não é tímido ou secreto, mas declarado abertamente. Nosso Criador nos diz: "Mas agora, assim diz o Senhor, aquele que o criou, ó Jacó, aquele que o formou, ó Israel: 'Não tema, pois eu o resgatei; eu o chamei pelo nome; você é meu'" (Isaías 43:1). O Senhor que o criou o ama de forma incondicional. E Ele deseja que você também o ame: "Ame ao Senhor, o seu Deus, de todo o seu coração, de toda a sua alma, com todo o seu entendimento e com todas as suas forças" (Marcos 12:30).

O que acontece é que, muitas vezes, não conseguimos nos entregar totalmente ao amor de Deus porque não reconhecemos que somos filhos.

Depois que me tornei pai, compreendi mais claramente o amor de Deus por mim. No instante em que olhei para meus bebês, tive a convicção de que daria tudo — inclusive minha vida — por aquelas pequenas criaturas.

Quando crescem, especialmente na adolescência, e passam a questionar e, talvez, a agir de maneira diferente do que ensinamos, ainda assim os amamos do mesmo jeito, a despeito do que façam ou deixem de fazer. A atitude deles não muda nosso amor. Podemos não concordar com suas ações, e podemos nos entristecer, mas o amor permanece o mesmo.

Assim também é Deus conosco. Como escreveu o autor John Bevere, "Não podemos fazer nada para Deus nos amar mais do que Ele já nos ama; também não podemos fazer nada para Ele nos amar menos. Esse é o amor divino. O amor de Deus por nós é tão abrangente que simplesmente não podemos compreender sua extensão".[2] Quando compreendemos quem somos e qual é o propósito de nossa vida, nos tornamos mais fortes para enfrentar os desafios que surgirão em nossa trajetória.

Precisamos entender, conhecer e nos apropriar de nossa "genética celestial". Somos filhos de Deus, e esse é um grande privilégio: "Vejam como é grande o amor que o Pai nos concedeu, a ponto de sermos chamados filhos de Deus, o que de fato somos!" (1João 3:1).

A verdadeira felicidade do ser humano é a filiação; o momento em que desejamos amar mais o Amado do que apenas sentir que somos

---

[2] BEVERE, *Extraordinário*, p. 21.

VOCÊ FOI FEITO PARA PROSPERAR ESPIRITUALMENTE

amados. Não acolher a paternidade de Deus nos impede de viver como filhos do Rei e de desfrutar do melhor que Ele tem para nós: seu amor infinito e incondicional por nós.

Em minhas palestras, costumo perguntar aos pais presentes quem, dentre eles, deseja que os filhos tenham uma vida de dificuldades, tristeza, decepções, miséria e doenças. É claro que nenhum pai deseja isso aos seus filhos. Se você é pai, tenho certeza de que sonha, ora, ensina e impulsiona seus filhos para que sejam felizes, prósperos, abundantes, abençoados e abençoadores.

Jesus fez o mesmo tipo de exercício com sua plateia. Ao fim, Ele disse: "Portanto, se vocês, apesar de serem maus, sabem dar boas coisas aos seus filhos, quanto mais o Pai que está nos céus dará o Espírito Santo aos que lhe pedirem!" (Lucas 11:13). Deus deseja mais do que o melhor para seus filhos. Ele quer que sejam prósperos e felizes.

No entanto, muitas vezes, nos contentamos com um casamento sem graça, com uma vida profissional falida, com um corpo fraco e adoecido. Ficamos estagnados, acreditando que essa é a vontade de Deus para nós. Seu Pai, porém, quer o melhor para você. Você é filho do Rei, coerdeiro com Jesus — ou seja, é herdeiro, juntamente com Ele, de "todas as bênçãos espirituais nas regiões celestiais" (Efésios 1:3). Você não é um zé-ninguém espiritual. É hora de se apoderar do seu sobrenome celeste e viver a vida de realeza que foi preparada para você.

UM CORAÇÃO HUMILDE

Mas calma, viu? Não é porque você é filho do Rei que deve sair por aí agindo com soberba. A Bíblia ensina que "O orgulho vem antes da destruição; o espírito altivo, antes da queda" (Provérbios 16:18). Lembre-se de que seu exemplo de vida, seu irmão mais velho, foi servo, manso e humilde. Para se parecer mais com Jesus, você deve desenvolver as mesmas qualidades.

Uma das primeiras atitudes que precisamos adotar para prosperar espiritualmente é reconhecer que, sem Deus, não somos nada e não podemos nada. É necessário deixar o orgulho de lado e cultivar um coração humilde, verdadeiramente rendido ao Rei dos reis. Devemos buscar glória para Deus, e nunca para nós:

João respondeu: — Uma pessoa só pode receber o que lhe é dado dos céus. Vocês mesmos são testemunhas de que eu disse: "Eu não sou o Cristo, mas aquele que foi enviado adiante dele". A noiva pertence ao noivo. O amigo do noivo, que está ao seu lado e o ouve, enche-se de alegria quando ouve a voz do noivo. Esta é a minha alegria, que agora se completa. É necessário que ele cresça e que eu diminua (João 3:27-30).

Assim, quer vocês comam, quer bebam, quer façam qualquer outra coisa, façam tudo para a glória de Deus (1Coríntios 10:31)

Deus se opõe aos orgulhosos, mas concede graça aos humildes (Tiago 4:6).

A humildade é a base para reconhecermos nossa necessidade de Deus e aceitarmos sua direção. Preciso entender que, sozinho, não sou suficiente. Existe um vazio em cada um de nós exatamente do tamanho de Deus, que só Ele pode preencher. Jesus fez um convite do qual gosto muito: "Se alguém tem sede, venha a mim e beba" (João 7:37). Ele é a fonte de tudo de que precisamos.

> Existe um vazio em cada um de nós exatamente do tamanho de Deus, que só Ele pode preencher.

Se algo tem abalado suas forças, tirado seu propósito ou sua alegria, não seja arrogante achando que pode resolver isso sozinho, na raça. Você não precisa ser o fortão, o homem que não chora. Pelo contrário: pode — e deve — ser humilde para reconhecer que há coisas com as quais você não consegue lidar sozinho, e que depende do Pai. Ele é uma fonte inesgotável, capaz de saciar toda e qualquer necessidade em sua vida.

NÃO EXISTE MEIA OBEDIÊNCIA

Na minha rotina como palestrante, visito igrejas de diversos tamanhos, regiões, culturas e perfis sociais. Percebo com frequência que alguns homens, sentados nas cadeiras das igrejas, aplaudem, comentam e até recomendam os ensinamentos bíblicos — mas apenas aqueles com os quais concordam. Quando se deparam com outros princípios da Palavra, preferem fingir que não leram ou acham que não precisam segui-los à risca.

Por exemplo: todo mundo sabe que não deve roubar. Dificilmente você encontrará um irmão na igreja que, nas horas vagas, faz assalto a bancos. Mas é comum irmãos não entregarem o dízimo, embora essa seja uma ordenança clara da Palavra (Malaquias 3:8). Da mesma forma, matar é pecado. Creio que não temos assassinos de aluguel em nossas congregações, mas quantos não destroem a vida do próximo com sua língua (Tiago 3:6)?

Obediência prática é seguir os passos de Jesus sem relativizar. É obedecer não apenas aos grandes mandamentos — como não matar, não adulterar — mas também aos pequenos princípios que devem reger o cotidiano do cristão. Lembre-se do que Jesus disse: "Se vocês me amam, obedecerão aos meus mandamentos" (João 14:15). A verdadeira prosperidade espiritual consiste em viver seguindo o que se aprende — com humildade, sinceridade e fidelidade à Palavra.

TEMPO COM DEUS

Você já deve ter percebido que prosperidade espiritual não se resume a saber a Bíblia de cor e salteado, mas a ter uma relação próxima com Deus. Jesus criticou os religiosos de sua época porque eram rigorosíssimos no cumprimento dos menores detalhes da lei, mas estavam totalmente desconectados do coração de Deus (cf. Mateus 23). Para conhecer o que está no coração de Deus precisamos ler a Bíblia, mas também precisamos passar tempo com Deus.

Pense no seu relacionamento familiar. Provavelmente, só pelo jeito de sua esposa ou filhos chegarem em casa — o modo como pisam ou como fecham a porta — você consegue identificar quem é e se está de bom humor, mesmo sem ver. Você conhece as manias, os trejeitos, os gostos de cada um. Reconhece quando estão chateados apenas por um olhar ou um suspiro.

Isso pode se estender até os amigos mais chegados. Tenho um amigo com quem viajo bastante. Quando estamos em um local cheio, sem conseguir nos ver, ele assobia de um jeito peculiar. Na mesma hora, sei que ele está por perto.

E por que isso acontece? Porque investimos tempo nessas relações. Conhecemos os detalhes, desenvolvemos intimidade, e isso só se conquista com convivência e proximidade.

Assim também deve ser em nossa relação com Deus. Precisamos dedicar tempo a Ele. Tempo de estudo, de oração, de reflexão, de contemplação. Não apenas para falar sem parar, como uma metralhadora, listando pedidos. Mas tempo para silenciar, descansar e ouvir o Pai.

A prosperidade espiritual exige disciplina e fome de Deus. Esse precisa ser um desejo diário. Jesus orientou "Busquem, pois, em primeiro lugar o reino de Deus e a sua justiça, e todas essas coisas serão acrescentadas a vocês" (Mateus 6:33).

E quanto mais tempo passamos com Deus, mais nossa forma de nos relacionar com as pessoas muda. Observe isso nos homens que têm mais intimidade com Ele: geralmente, têm relacionamentos interpessoais mais saudáveis. Isso acontece porque o tempo com Deus nos torna mais parecidos com Ele.

CONVIVÊNCIA COM O CORPO

Por fim, crescemos e prosperamos espiritualmente quando tomamos nossa parte no corpo de Cristo. Há uma música que marcou o início da minha caminhada cristã. Eu a ouvi pela primeira vez no meu primeiro evento cristão, onde conheci homens que dedicaram seu tempo e recursos para servirem a Deus. Ela diz assim:

> Somos corpo e, assim, bem ajustado,
> Totalmente ligado, unido,
> Vivendo em amor.
> Uma família sem qualquer falsidade,
> Vivendo a verdade,
> Expressando a glória do Senhor.
> Uma família vivendo o compromisso
> Do grande amor de Cristo.
> Eu preciso de ti, querido irmão,
> Precioso és para mim, querido irmão.[3]

Essa canção reflete os ensinos bíblicos a respeito da vida em comunhão no corpo de Cristo:

---

[3] SOUZA, Daniel. Corpo e família. In: *Frutos do Espírito (ao vivo)*. São Paulo: AME, 1994.

VOCÊ FOI FEITO PARA PROSPERAR ESPIRITUALMENTE

Ora, vocês são o corpo de Cristo, e cada um de vocês é membro desse corpo (1Coríntios 12:27).

Como cada um de nós tem um corpo com muitos membros, e esses membros não têm todos a mesma função, assim, em Cristo, nós, que somos muitos, formamos um só corpo, e cada membro está ligado a todos os outros (Romanos 12:4-5).

Cada pessoa desempenha um papel crucial na comunidade de fé. Assim como os membros de um corpo físico trabalham juntos para a saúde comum, nós, cristãos, somos chamados a viver em unidade e cooperação dentro do corpo de Cristo. A espiritualidade é fortalecida na comunidade, onde há apoio mútuo, ensino e prestação de contas.

Este é o chamado para todos os que seguem a Cristo: ser parte ativa do corpo, servindo ao Senhor com alegria. Alguém já disse que "O cristão que não vive para servir, não serve para viver". Por mais dura que seja, essa frase expressa uma base da vida cristã. Jesus, sendo o Rei dos reis, o todo-poderoso, escolheu servir quando encarnou entre nós. E Ele mesmo declarou: "Quem quiser tornar-se importante entre vocês deverá ser servo. [...] Pois nem mesmo o Filho do homem veio para ser servido, mas para servir e dar a sua vida em resgate por muitos" (Marcos 10:43,45).

Prosperar espiritualmente não é uma corrida de cem metros rasos. É uma maratona cheia de desafios que superamos dia após dia. Esse processo contínuo de crescimento e transformação afeta não apenas a nossa vida, mas também a daqueles que caminham ao nosso lado.

ORAÇÃO DE FORÇA E LEGADO

Pai, desejo viver em comunhão contigo todos os dias. Alimenta meu espírito com tua Palavra, fortalece minha fé e aprofunda minha intimidade contigo. Que eu cresça em maturidade espiritual, sensível à tua voz e obediente à tua vontade. Ensina-me a depender de ti em tudo e a buscar, acima de tudo, o teu reino. Que minha vida espiritual seja vibrante, constante e transbordante, deixando um legado que inspire outros a também te seguirem. Em nome de Jesus, amém.

Homem de reflexão

1. Tenho buscado crescimento espiritual constante ou me acomodei na fé?
2. Como está minha vida de oração e leitura da Palavra?
3. Em que áreas espirituais ainda preciso amadurecer e me fortalecer?
4. Tenho sido sensível à voz de Deus no meu dia a dia?
5. Como posso me tornar um homem mais cheio do Espírito, mais parecido com Cristo?
6. Estou discipulando outros ou sendo discipulado por alguém mais maduro na fé?
7. Que frutos do Espírito ainda preciso cultivar para prosperar espiritualmente?

Biografia de força e legado

Paulo

Força na entrega, legado que alcança os confins da Terra

A trajetória de Paulo é marcada por uma virada radical: de perseguidor implacável a apóstolo incansável. Sua força não estava em seu zelo religioso anterior, mas na sua rendição completa ao chamado de Cristo. Ali começou a verdadeira missão de um homem transformado pela graça.

Paulo enfrentou prisões, naufrágios, açoites e rejeição. Foi perseguido pelos de fora e pelos de dentro. Ainda assim, seguiu firme. Sua força estava na convicção de que nada poderia separá-lo do amor de Cristo — e que viver era Cristo, e morrer era lucro. Ele não buscava aplausos nem conforto, mas a fidelidade àquele que o havia chamado.

Intelectual brilhante, Paulo usou sua mente para edificar a igreja e sua vida para exemplificar o discipulado. Pastoreou à distância, ensinou por cartas, confrontou com amor e sofreu com esperança. Suas palavras atravessaram séculos e moldam até hoje a fé cristã.

Seu legado não foi apenas doutrinário, mas existencial: Paulo nos mostrou que um homem de verdade é aquele que não vive para si, mas para aquele que por ele morreu. Ele encarnou a masculinidade bíblica que se mede não por domínio, mas por sacrifício. Sua vida foi uma oferta — e seu legado, uma estrada aberta para que outros também sigam até o fim.

CONCLUSÃO

Ao longo da vida, nós, homens, somos ensinados a valorizar conquistas: o coração de uma mulher, a aquisição de bens materiais, a ocupação de posições de poder. Mas, no final de tudo, o que realmente terá valor? No fim da nossa jornada, a força que tivemos precisa resultar em algo que vá além de nós mesmos: um legado eterno que abençoe nossos filhos, nossa comunidade e as próximas gerações.

A vida de Jó nos lembra que o verdadeiro sucesso é a maneira pela qual nos tornamos conhecidos, e não pelas nossas conquistas. Acho fantástico o que é dito sobre ele: "Na terra de Uz, vivia um homem chamado Jó. Era homem íntegro e justo; temia a Deus e evitava fazer o mal" (Jó 1:1). Essa apresentação é digna de um epitáfio.

Se andarmos pelo cemitério, encontraremos várias declarações nas lápides. Algumas são lindas, mas nem todas são reais. Como você quer ser lembrado ao fim da vida? Não se trata apenas do que escreverão em sua lápide ou em sua memória, mas do que realmente deixará impresso na memória dos que vierem depois de você. O que as pessoas lembrarão ao ouvirem seu nome? Que história sua vida contará?

Esse legado não se constrói no fim da vida, mas no dia a dia. A cada manhã, precisamos lembrar qual é o nosso alvo e permanecer firmes na direção certa. Basta um passo em falso para desviar e comprometer o que levamos anos para construir.

Ao longo deste livro, vimos exemplos de homens que se posicionaram bem, e outros que falharam. Neemias não desceu do andaime, onde construía o muro, para dar ouvido aos inimigos. Ele se manteve firme em seu posto e em sua missão. Davi, por outro lado, não assumiu seu posto de rei na guerra, e caiu em tentação. Adão também negligenciou seu chamado para orientar Eva, e disso resultou toda a Queda. Cristo, porém, viveu com clareza o seu chamado, aquilo que o Pai o encarregou de realizar, e pela sua fidelidade, recebemos salvação e vida eterna.

> Um dia, o que foi semeado através da nossa vida continuará frutificando por gerações.

Assim é a nossa jornada. A vida inteira é um posicionamento constante e diário, até aquele último dia, que desconhecemos. Mas a cada dia vivido, devemos ter a satisfação de olhar para trás e ver que valeu a pena. Um dia, o que foi semeado através da nossa vida continuará frutificando por gerações.

A ÚLTIMA TRINCHEIRA

Em determinado momento da guerra, o soldado não tem como voltar mais. Ele luta até o fim, seja ele a morte, seja a vitória. Conta-se que Alexandre, o Grande, em determinada batalha, verificou que restaram poucos soldados em seu exército. Ele, então, queimou os seus próprios. Sem as embarcações, os soldados não teriam como desistir e voltar. Sem os barcos, só poderiam lutar, até morrer ou vencer.

Quando você entende seu propósito e seu chamado, você entende que não tem volta. Você se depara com a batalha mais importante da sua vida, que é a de ser fiel ao propósito que Deus lhe confiou. O apóstolo Paulo, em diversos momentos, expressou essa convicção: "Sendo assim, não corro como quem corre sem alvo e não luto como quem esmurra o ar. Contudo, esmurro o meu corpo e faço dele meu escravo, para que, depois de ter pregado aos outros, eu mesmo não venha a ser desqualificado" (1Coríntios 9:26-27).

Nossa vida não foi criada para ser apenas uma passagem. Ela deve ser uma semente poderosa, gerando frutos que permanecerão. Que você seja lembrado não pelas conquistas que acumulou, mas pela inspiração que deixou, pelas vidas que impactou, pelas sementes que plantou e que florescerão muito além do seu tempo.

Esta é a verdadeira vitória: viver de tal maneira que, ao final da batalha, possamos ouvir do nosso Senhor: "Muito bem, servo bom e fiel! (...) Venha e participe da alegria do seu senhor!" (Mateus 25:21).

Minha oração final é que aquilo que você fizer hoje ecoe, impacte e transforme até mil gerações.

Força e legado para você,

DARRELL MARINHO
@darrellmarinho

REFERÊNCIAS BIBLIOGRÁFICAS

AGOSTINHO. *Confissões*. Tradução de J. Oliveira Santos e A. Ambrósio de Pina. São Paulo: Paulus, 1997.

ALMEIDA, Instituto. Hiperconectividade, excesso de informações e saúde mental. Disponível em: https://vidasaudavel.einstein.br/hipercone,ctividade-excesso-de-informacoes-e-saude-mental/. Acesso em: 20 maio 2024.

AMERICAN PSYCHIATRIC ASSOCIATION. What is addiction? Disponível em: https://www.psychiatry.org/patients-families/addiction/what-is-addiction. Acesso em: 20 maio 2024.

_____. *Stress in America: Coping with Change*. Washington, DC: APA, 2017. Disponível em: https://www.apa.org/news/press/releases/stress/2017/technology-social-media.pdf. Acesso em: 23 abr. 2025.

ASSEMBLEIA LEGISLATIVA DO ESPÍRITO SANTO. Homens estão entre as principais vítimas de suicídio. Disponível em: https://www.al.es.gov.br/Noticia/2022/09/43634/homens-estao-entre-as-principais-vitimas-de-suicidio.html. Acesso em: 21 jan. 2025.

BEVERE, John. *Extraordinário*: a vida que Deus oferece. Belo Horizonte: Bello Publicações, 2010.

BOUNDS, E. M. *Homens de oração*. São Paulo: Editora Vida, 2016.

BVSMS. Saúde do homem: prevenção é fundamental para uma vida saudável. Disponível em: https://bvsms.saude.gov.br/saude-do-homem-prevencao-e-fundamental-para-uma-vida-saudavel/. Acesso em: 7 abr. 2025.

DATAFOLHA. Pesquisa sobre apostas online no Brasil: dezembro de 2023. São Paulo: Instituto Datafolha, 2024. Disponível em: https://bnldata.com.br/wp-content/uploads/2024/01/Pesquisa_Datafolha_Apostas_Online.pdf. Acesso em: 23 abr. 2025.

EL PAÍS BRASIL. Citado em: https://brasil.elpais.com/brasil/2017/05/31/ciencia/1496244370_258847.html. Acesso em: 11 jun. 2024.

ELDREDGE, John. *Coração selvagem*: descobrindo o segredo da alma de um homem. Rio de Janeiro: Thomas Nelson Brasil, 2001.

ELROD, Hal. *O milagre da manhã*: o segredo para transformar sua vida (antes das 8 horas). Rio de Janeiro: BestSeller, 2016.

ENTRE RIOS JORNAL. Síndrome do pensamento acelerado e o excesso de informações. Disponível em: https://www.entreriosjornal.com/2022/02/sindrome-do-pensamento-acelerado-e-o.html. Acesso em: 20 maio 2024.

ESTADO DE MINAS. Brasil é o país mais infiel da América Latina. Disponível em: https://www.em.com.br/app/noticia/saude-e-bem-viver/2022/06/30/interna_bem_viver,1376856/pesquisa-revela-que-brasil-e-o-pais-mais--infiel-da-america-latina.shtml. Acesso em: 6 fev. 2025.

FOLHA DE S. PAULO. 2 em 3 menores infratores não têm pai dentro de casa. Disponível em: http://www1.folha.uol.com.br/cotidiano/2016/06/1786011-2-em-3-menores-infratores-nao-tem-pai-dentro-de-casa.shtml. Acesso em: 5 dez. 2024.

_____. 6 milhões de brasileiros têm abuso de álcool e risco de dependência, indica pesquisa. Disponível em: https://www1.folha.uol.com.br/equilibrioesaude/2023/08/6-milhoes-de-brasileiros-tem-abuso-de-alcool-e-risco-de-dependencia-indica-pesquisa.shtml. Acesso em: 14 jun. 2024.

FRONTIERS IN PSYCHOLOGY. Exploring associations between social media addiction, social media fatigue, fear of missing out and sleep quality among university students: A cross-sectional study. Disponível em: https://www.frontiersin.org/journals/psychology/articles/10.3389/fpsyg.2024.1391415/full. Acesso em: 23 abr. 2025.

GEORGE, Elizabeth. *Amando a Deus de todo o seu entendimento: um estudo bíblico para mulheres.* São Paulo, United Press, 2003.

GEORGE, Jim. *Um homem segundo o coração de Deus:* Dedique sua vida ao que realmente tem valor. São Paulo: Hagnos, 2003.

GOVERNO DO ESTADO DO RIO GRANDE DO SUL. Cresce índice de alcoolizados entre mortos no trânsito. Disponível em: https://www.estado.rs.gov.br/cresce-indice-de-alcoolizados-entre-os-mortos-no-transito. Acesso em: 14 jun. 2024.

HARVARD MEDICAL SCHOOL. How addiction hijacks the brain. Disponível em: https://www.health.harvard.edu/newsletter_article/how-addiction--hijacks-the-brain. Acesso em: 23 abr. 2025.

IBGE. Em 2023, expectativa de vida chega aos 76,4 anos e supera patamar pré-pandemia. Disponível em: https://agenciadenoticias.ibge.gov.br/agencia-noticias/2012-agencia-de-noticias/noticias/41984-em-2023-expectativa-de-vida-chega-aos-76-4-anos-e-supera-patamar-pre-pandemia. Acesso em: 13 jan. 2025.

IG SAÚDE. Vício em bets pode se tornar doença; conheça os sintomas da ludopatia. Disponível em: https://saude.ig.com.br/2024-05-26/sintomas--de-viciados-em-apostas-esportivas-ludopatia.html. Acesso em: 14 jun. 2024.

REFERÊNCIAS BIBLIOGRÁFICAS

ISTOÉ DINHEIRO. Após decisão de doar 60% da fortuna em vida, Elie Horn tenta convencer outros brasileiros. Disponível em: https://istoedinheiro.com.br/apos-decisao-de-doar-60-da-fortuna-em-vida-elie-horn-tenta--convencer-outros-brasileiros/. Acesso em: 19 dez. 2024.

KELLER, Gary; PAPASAN, Jay. *A única coisa*: o foco pode trazer resultados extraordinários para sua vida. Rio de Janeiro: Sextante, 2013.

KÜHN, Simone; GALLINAT, Jürgen. Brain structure and functional connectivity associated with pornography consumption: The brain on porn. JAMA Psychiatry, v. 71, n. 7, p. 827-834, 2014. Disponível em: https://doi.org/10.1001/jamapsychiatry.2014.93. Acesso em: 23 abr. 2025.

LABORATÓRIO CELLA. Saúde masculina: afinal, por que os homens vão menos ao médico? Disponível em: https://laboratoriocella.com.br/saude-masculina-afinal-por-que-os-homens-vao-menos-ao-medico/. Acesso em: 13 jan. 2025.

LOPES, Hernandes Dias. *Homens de oração*: a vida vitoriosa começa de joelhos. São Paulo: Hagnos, 2019.

_____. *Pai, um homem de valor*: os desafios e a honra da paternidade. São Paulo: Hagnos, 2017.

MARINHO, Márcia. *A mulher que eu quero ser*: encontre sua verdadeira identidade na fé, no amor e na autoestima. São Paulo: Editora Hagnos, 2024.

MARINHO, Márcia; MARINHO, Darrell. *Quando a família corre perigo*: sete armadilhas que podem destruir o seu maior patrimônio. São Paulo: Hagnos, 2019.

McMANUS, Erwin Raphael. *A última flecha*: salve nada para a próxima vida. São Paulo: Chara, 2019.

MERKH, David. *Homens mais parecidos com Jesus*: dez qualidades que moldam o caráter cristão. São Paulo: Hagnos, 2011.

METRÓPOLES. Dia dos pais pra quem? Com 80 mil crianças sem pai, abandono afetivo cresce. Disponível em: https://www.metropoles.com/brasil/dia-dos-pais-pra-quem-com-80-mil-criancas-sem-pai-abandono-afetivo-cresce. Acesso em: 24 abr. 2025.

_____. Saiba como a massa magra influencia na luta contra o câncer de pulmão. Disponível em: https://www.metropoles.com/vida-e-estilo/nutricao/saiba-como-a-massa-magra-influencia-na-luta-contra-o-cancer-de-pulmao. Acesso em: 15 jan. 2025.

MEYER, Joyce. *Crie bons hábitos, livre-se dos maus hábitos*: 14 novos comportamentos que encherão sua vida de energia. Belo Horizonte: Bello Publicações, 2015.

_____. *O amor da vida*: como ser amado, respeitado e apreciado. Rio de Janeiro: Warner Faith, 2002.

NATIONAL INSTITUTE ON DRUG ABUSE (NIDA). The Brain's Reward Circuit: How Drugs Hijack the System. Disponível em: https://nida.nih.gov/publications/drugs-brains-behavior-science-of-addiction/reward-circuit. Acesso em: 23 abr. 2025.

ND MAIS. Infidelidade no trabalho: os 10 empregos que mais levam ao adultério. Disponível em: https://ndmais.com.br/empregos-e-concursos/infidelidade-no-trabalho-os-10-empregos-que-mais-levam-ao-adulterio/. Acesso em: 6 fev. 2025.

NOUWEN, Henri. *Life of the Beloved*: Spiritual Living in a Secular World. New York: Crossroad, 1992.

O GLOBO. Musculação: o que é, benefícios e riscos. Disponível em: https://oglobo.globo.com/saude/guia/musculacao-o-que-e-beneficios-e-riscos.ghtml. Acesso em: 17 jan. 2025.

PAES, Carlito. *A Igreja é o ponto de partida, não o ponto de chegada*. [S.I.]: YouTube, 2023. Disponível em: https://www.youtube.com/watch?v=ArXlpG8xQ6M. Acesso em: 31 mar. 2025.

――――. *Homens imparáveis*: como vencer os desafios de ser homem nos tempos de hoje. São Paulo: Inspire, 2022.

PRINTWAYY. Infoxicação, FOMO e síndrome da fadiga informativa: veja os danos do excesso de informação. Disponível em: https://printwayy.com/blog/infoxicacao-fomo-e-sindrome-da-fadiga-informativa-veja-os-danos-do-excesso-de-informacao/. Acesso em: 20 maio 2024.

PRZYBYLSKI, Andrew K. Gaming does not appear harmful to mental health, unless the gamer can't stop. Oxford University, 27 jul. 2022. Disponível em: https://www.ox.ac.uk/news/2022-07-27-gaming-does-not-appear-harmful-mental-health-unless-gamer-cant-stop-oxford-study. Acesso em: 23 abr. 2025.

RIGNEY, Joe. *Mais que uma batalha*: a luta para vencer o pecado sexual começa no coração. São Paulo: Pilgrim, 2022.

ROBERTO, Thalles. *Eu escolho Deus*. Graça Music, 2015.

SANDERS, J. Oswald. *Liderança espiritual*: princípios de excelência para todos os tempos. São Paulo: Mundo Cristão, 2005.

SESC-SP. A era da infoxicação. Disponível em: https://www.sescsp.org.br/editorial/a-era-da-infoxicacao/. Acesso em: 15 abr. 2025.

SÓ NOTÍCIA BOA. Bilionário brasileiro decidiu doar 60% da sua fortuna: o bem que dá sentido à vida. Disponível em: https://www.sonoticiaboa.com.br/2024/10/27/bilionario-brasileiro-decidiu-doar-60-da-sua-fortuna-o-bem-que-da-sentido-a-vida. Acesso em: 19 dez. 2024.

SOUZA, Anderson Freire de. Raridade. In: *Raridade*. Rio de Janeiro: MK Music, 2013.

REFERÊNCIAS BIBLIOGRÁFICAS

SOUZA, Daniel. Corpo e família. In: *Frutos do Espírito (ao vivo)*. São Paulo: AME, 1994.

STOCKSTILL, Larry. *Um homem exemplar*: da integridade ao legado. Rio de Janeiro: Lan, 2015.

TOZER, A. W. *Homem:* o local onde Deus habita. São Paulo: Hagnos, 2020.

WILSON, Douglas. *Futuros homens: Criando meninos para enfrentar gigantes*. Clire, Recife, 2013. Formato Kindle.

WOLGEMUTH, Robert. *Mentiras que os homens acreditam e a verdade que os liberta*. São Paulo: Edições Vida Nova, 2023.

WORLD HEALTH ORGANIZATION. *Addictive behaviours: Gaming disorder*. 22 out. 2020. Disponível em: https://www.who.int/news-room/questions-and-answers/item/addictive-behaviours-gaming-disorder. Acesso em: 23 abr. 2025.

ZHU, X. et al. Exploring associations between social media addiction, social media fatigue, fear of missing out and sleep quality among university students: A cross-sectional study. *PLOS ONE*, v. 18, n. 10, p. e0292429, 2023. Disponível em: https://journals.plos.org/plosone/article?id=10.1371/journal.pone.0292429. Acesso em: 23 abr. 2025.

Sua opinião é importante para nós.

Por gentileza, envie seus comentários pelo e-mail

editorial@hagnos.com.br